Klemens Schaupp
**Bedürfnisse wahrnehmen –
der Spur der Sehnsucht folgen**
Ein spiritueller Übungsweg

Klemens Schaupp

Bedürfnisse
wahrnehmen – der Spur
der Sehnsucht
folgen

Ein spiritueller Übungsweg

echter

Bibliografische Information der Deutschen Nationalbibliothek
Die Deutsche Nationalbibliothek verzeichnet diese Publikation
in der Deutschen Nationalbibliografie; detaillierte bibliografische
Daten sind im Internet über <http://dnb.d-nb.de> abrufbar.

© 2010 Echter Verlag GmbH, Würzburg
www.echter-verlag.de
Wiedergabe, Weiterverwendung und Veröffentlichung der Texte,
Übungen und Grafiken (auch auszugsweise) nur mit ausdrücklicher
Zustimmung des Verlages
Umschlag: Christine Eisner (Foto: Mauritius)
Druck und Bindung: Druckerei Friedrich Pustet, Regensburg
ISBN 978-3-429-03221-0

Inhalt

1. Einleitung 7

2. Grundbedürfnisse und menschliche
   Entwicklung 13

3. Der Übungsweg 21

   Erste Übung:
   Die Geschichte eines Bedürfnisses 23

   Zweite Übung:
   Eine ausführliche Liste meiner Bedürfnisse
   erstellen 27

   Dritte Übung:
   Widersprüchliche Bedürfnisse wahrnehmen 40

   Vierte Übung:
   Eigene und fremde Bedürfnisse wahrnehmen 46

   Fünfte Übung:
   Einen »Bedürfnispsalm« schreiben 51

   Sechste Übung:
   »Bitten, worum ich begehre« 54

   Siebente Übung:
   Den inneren Zusammenhang der Bedürfnisse
   erspüren 57

4. Allgemeine Hinweise zu Wahrnehmung,
   Ausdruck und Gestaltung menschlicher
   Bedürfnisse 61

5. Ausblick:
   Bedürfnisse und christlicher Glaube 75

Anmerkungen 83

1. Einleitung

Im Laufe des Psychologiestudiums wurde ich erstmals mit dem Thema »Bedürfnisse« konfrontiert. Seither begleitet es mich: persönlich, in der Tätigkeit als Begleiter, bei Fortbildungen. Es ist wichtig und unerlässlich, eigene und fremde Bedürfnisse wahrzunehmen, damit persönliche Beziehung, Zusammenarbeit in Teams und Gemeinden gelingen kann. Diese Einsicht wird wohl kaum jemand bestreiten. Das Problem liegt im Detail: Wie gelingt es mir, wie gelingt es in meiner Familie, in meiner Gemeinschaft, in meinem Team eigene und fremde Bedürfnisse wahrzunehmen, zu erfüllen – aber auch immer wieder einen Weg zu finden, auf die unmittelbare Erfüllung zu verzichten?

Weil es auf diese Fragen keine pauschale, allgemeingültige Antwort gibt, habe ich mich dazu entschieden, die Thematik in Form eines »spirituellen Übungsweges« darzustellen. Es geht um einen *Übungsweg*, weil existentielle Wahrheiten nur erkannt werden können, wenn sie in die Tat umgesetzt werden. Es geht um einen *spirituellen* Übungsweg, weil äußeres Tun oder bloße Technik allein nicht genügen, wenn sie nicht getragen sind vom Vertrauen und von der Hoffnung auf eine Wirklichkeit, die die Grenzen des Machbaren übersteigt. Der hier vorgestellte Übungsweg ist getragen von der Grundhaltung des Respekts und der Achtung vor dem Geheimnis des eigenen Lebens und des Lebens anderer. Es kommt darauf an, sich auf das Risiko einzulassen, das mit Veränderung und Wachstum verbunden ist. Es kommt darauf an, die Angst zu überwinden, die sich immer wieder in einer *Werdescheu* (Hermann Stenger) äußert: in dem angstbesetzten Festhalten an dem, was wir haben, und der entsprechenden Weigerung, das Risiko von Wachstum und Veränderung einzugehen.

Als Christ ist für mich das Beispiel Jesu entscheidend, der von sich gesagt hat, dass er gekommen ist, damit die Menschen »das Leben haben und es in Fülle haben« (Joh 10,10). Im Johannesevangelium wird die Bedeutung dieses Lebens in verschiedenen Bildern entfaltet: Jesus ist das »Wort« oder der »Sinn des Lebens«, er schenkt die Möglichkeit des Neuanfangs (Joh 3), er schenkt das Wasser und stillt den Durst (Joh 4), er ist das Brot, die Nahrung, die jeder Mensch zum Leben braucht (Joh 6), er ist das Licht (Joh 8 und 9). Wer in Verbundenheit mit ihm lebt, wird nicht sterben, sondern das Leben haben (Joh 10).

Die mittelalterliche Theologie spricht von einem »natürlichen Verlangen« des Menschen nach diesem Leben in Fülle, das – so die Erfahrung vieler Christen – nur in Gott zu finden ist. Lässt sich ein Mensch auf dieses Verlangen ein, so wird er das Glück finden – wenn auch nicht ohne Schwierigkeiten und Leiden. Die Erfahrung, die in dieser Annahme zum Ausdruck kommt, kann in etwa so formuliert werden: Durch seine Bedürftigkeit ist der Mensch »umweltoffen«. Jeder Mensch hat Grundbedürfnisse, die er sich nicht selbst erfüllen kann. So braucht er ein *materielles* Umfeld, in dem er bekommt, was er zum Leben braucht: Nahrung, Sicherheit, ein Dach über dem Kopf. Darüber hinaus ist er aber auch auf ein *soziales* Umfeld angewiesen: kein Mensch kann ohne andere Menschen leben. Im Letzten braucht er aber auch ein *geistig-spirituelles* »Umfeld«, das seinem Leben Sinn und Orientierung ermöglicht. So hängen für den gläubigen Menschen diese drei Bedürfnis-Ebenen zusammen; sie können nie voneinander getrennt werden. Ob diese Erfüllung tatsächlich möglich ist, ist ungewiss.

Glauben bedeutet das Vertrauen, dass diese Erfüllung von Gott her geschenkt wird. Die mittelalterliche Theologie war von diesem Vertrauen getragen und war primär an dem Phänomen der Bedürftigkeit oder des menschlichen Verlangens als solchem interessiert, weniger an der Beschreibung einzelner Bedürfnisse. Um das Phänomen des menschlichen Verlangens als solches zu benennen, prägte sie – in Anlehnung an Augustinus – den Begriff der Sehnsucht (lateinisch: desiderium). Sie ging von der Annahme aus, dass dort, wo sich ein Mensch auf sein tiefstes Verlangen einlässt, er das Ziel seines Lebens – Gott – nicht verfehlen wird.

In den letzten Jahrhunderten wurde das Phänomen der Bedürftigkeit vor allem von der Philosophie (z.B. der Begriff des »élan vital« bei Henri Bergson) und den Humanwissenschaften, insbesondere der Psychologie und Soziologie, erforscht. Obwohl es um das gleiche Phänomen ging, traten andere und neue Fragestellungen in den Vordergrund: Wie lässt sich dieses Phänomen beschreiben? Lassen sich einzelne Bedürfnisse benennen? Sind sie angeboren und damit kulturunabhängig oder werden sie von bestimmten wirtschaftlichen und gesellschaftlichen Situationen hervorgerufen – nach dem Motto: Wo ein Angebot da ist, entsteht auch ein Bedürfnis?

In der vorliegenden Arbeit gehe ich von der Annahme aus, dass es sich bei beiden Zugängen zwar um verschiedene, aber einander ergänzende Sichtweisen handelt: dem mittelalterlichen, der das Phänomen unter einer weltanschaulich-theologischen Rücksicht untersucht, und dem neuzeitlichen, der sich dem Phänomen unter einer empirisch-humanwissenschaftlichen Perspektive nähert. Deshalb werde ich die Begriffe Bedürfnisse, Wünsche, Verlangen und Sehnsucht wechselweise gebrauchen. Steht die konkrete Ausgestaltung eines Wunsches im Vordergrund, so wird der Ausdruck »Wunsch« oder »Bedürfnis« gebraucht; steht der Aspekt der menschlichen Bedürftigkeit als solcher im Vordergrund, so wird der Ausdruck »Verlangen« oder »Sehnsucht« gebraucht.

In den einzelnen hier beschriebenen Übungen liegt der Akzent einmal mehr auf der einen Sichtweise, einmal mehr auf der anderen. Die Aufbau folgt einer inneren Logik: Die ersten Übungen wollen helfen, eigene Bedürfnisse wahrzunehmen und zu benennen. Im Weiteren geht es darum wahrzunehmen, wie sie sich im eigenen Leben entwickelt haben; eine weitere Übung bietet eine Hilfestellung, die Wünsche anderer wahrzunehmen. In den letzten Übungen geht es stärker um die spirituelle Dimension.

In den Ausführungen greife ich auf verschiedene theoretische Konzepte zurück, die zur Beschreibung des Phänomens »Bedürftigkeit« entwickelt wurden. Ich werde diese jedoch nicht problematisieren, weil dies den Rahmen der Arbeit sprengen würde. Vielmehr werden diejenigen Aspekte aufgegriffen, die sich für den hier vorgestellten Übungsweg als hilfreich erweisen.

2.
Grundbedürfnisse und menschliche Entwicklung

Wir leben, weil es Menschen gibt, die unsere Bedürfnisse wahrnehmen und erfüllen. In der Kindheit waren es vor allem unsere Eltern, später unsere Freunde, als Erwachsene Ehepartnerinnen oder Ehepartner, Freunde oder Arbeitskollegen. So wie wir uns im Verlauf der Entwicklung verändern, so verändert sich auch die Art und Weise des Bedürfnisausdrucks.

Als Baby und Kleinkind waren wir darauf angewiesen, dass unsere Mutter unser Schreien oder Weinen zu deuten wusste und uns gegeben hat, was wir brauchten. Der Psychologe Daniel Stern hat durch langjährige Beobachtung der Mutter-Kind-Interaktion nachgewiesen, dass die frühe seelische Entwicklung entscheidend davon abhängt, ob die Mutter die Wünsche ihres Kindes wahrnehmen, seinen Blickkontakt erwidern und seine Bewegungen aufgreifen kann.[1] Ursula Nuber nennt in der jüngsten Ausgabe von »Psychologie heute« folgende grundlegenden psychischen Bedürfnisse eines Kindes[2]:

- Das Bedürfnis nach einer sicheren Bindung: Nur wenn eine gute und sichere Bindung an die wichtigsten Bezugspersonen möglich ist, kann sich auch später eine angemessene Form der Selbstsicherheit und Beziehungsfähigkeit entwickeln.
- Das Bedürfnis, um seiner selbst willen geliebt zu sein: Dieses Bedürfnis ist dann erfüllt, wenn die Zuneigung der ersten Bezugspersonen nicht an bestimmte Bedingungen gekoppelt wird, nach dem Motto: »Nur wenn du brav bist, uns nicht störst, mögen wir dich.«
- Das Bedürfnis nach Autonomie: Mit ungefähr zwei Jahren entwickelt das Kind durch die Fähigkeit zu gehen und herumzulaufen die Fähigkeit, sein Umfeld zu

erkunden und sich auch vorübergehend von der Mutter zu distanzieren und so etwas Eigenes zu finden und zu wollen. So wird es für Kleinkinder zunehmend wichtig, auch etwas selber tun zu können, z.B. selbständig zu essen, auch wenn dies lange Zeit braucht und manche Speise nicht im Mund ankommt.

- Das Bedürfnis, respektvoll behandelt zu werden: Sosehr wir uns auch darüber im Klaren sind, dass andere Erwachsene Respekt verdienen, so leicht kann es vorkommen, dass wir übersehen, dass auch Kinder kleine Wesen sind, die Respekt brauchen – und auch sehr genau spüren, ob sie in ihrer im Entstehen begriffenen Persönlichkeit respektiert oder nur als »kleine, unmündige Kinder« behandelt werden.
- Das Bedürfnis, sich als kompetent erleben zu können: Von manchen wird dieses Bedürfnis auch definiert als der Wunsch, durch das eigene Tun etwas bewirken zu können. Vor allem die Erfahrung mit stark deprivierten Kindern, also Kindern, die sozial benachteiligt sind, zeigt, dass die Nicht-Erfüllung dieses Bedürfnisses oft zu schweren Entwicklungsstörungen führen kann.
- Das Bedürfnis nach Resonanz: Gleichgültig, was einem Kind widerfährt, es braucht eine Person, die an seinem Erleben teilnimmt: jemanden, der Verständnis zeigt, wenn es traurig ist, der es tröstet, wenn es weint, der mit ihm spielt, wenn die Zeit dazu da ist.
- Das Bedürfnis nach sicheren Grenzen und Orientierung: Kinder brauchen Regeln und einen sicheren Rahmen, um sich entwickeln zu können. Donald Winnicott, ein englischer Kinder- und Jugendpsychiater und Analytiker, spricht in diesem Zusammenhang von der

Notwendigkeit einer »haltenden Umgebung« (»holding environment«), einem räumlichen und sozialen Umfeld, das Sicherheit und Orientierung bietet.

Im Kleinkindalter ist die Beziehung meist einseitig: Die Eltern nehmen die Bedürfnisse wahr und versuchen auf sie in einer angemessenen Form einzugehen. Ein Kleinkind versucht durch Schreien und Weinen deutlich zu machen, dass ihm etwas fehlt. Gelingt es der Mutter, diese Äußerung richtig zu deuten, so wächst beim Kind langsam ein Gefühl der Sicherheit und ein Grundvertrauen in die Welt. Gelingt es dagegen der Mutter nicht, so bleibt beim Kleinkind ein Gefühl der Angst und Unsicherheit zurück.

Sobald ein Kind zu sprechen lernt, kann es seine Wünsche verbal und damit eindeutiger zum Ausdruck bringen. Mit zunehmendem Alter wird es jedoch auch mit der Erwartung seiner Eltern konfrontiert, nicht nur eigene Wünsche zu äußern, sondern auch diejenigen anderer zu respektieren – die Bedürfnisse seines jüngeren Bruders, seiner älteren Schwester, seiner Eltern und Nachbarn. So lernt das Kind allmählich, auf die *unmittelbare und sofortige* Befriedigung zu verzichten: Nicht immer, wenn es Schokolade will, wäre es richtig, ihm diese zu geben. Nicht immer, wenn es seinen Willen durchsetzen will, können seine Eltern darauf eingehen.

Gewöhnlich können Kinder schon im Vorschulalter die Fähigkeit zur wechselseitigen Akzeptanz von eigenen Bedürfnissen und Erwartungen anderer entwickeln: Kinder handeln mit ihren Spielgefährten Regeln aus, die eine Art »Bedürfniserfüllungsbalance« sicherstellen sollten. Regeln ermöglichen es, dass die Bedürfnisse aller auf gleiche Weise respektiert und nicht die Wünsche eines Kindes auf Kosten anderer befriedigt werden. Die Fähigkeit zur gegenseitigen Akzeptanz vertieft sich in der Pubertät und Adoleszenz. Aus der Sicht des Umgangs mit Bedürfnissen bedeutet Erwachsenwerden einerseits die Fähigkeit zu einer echten Gegenseitigkeit, andererseits aber auch die Bereitschaft, Verantwortung für die Wahrnehmung und gegebenenfalls die Erfüllung der Bedürfnisse der uns anvertrauten Menschen zu übernehmen: unserer Kinder.

Die Entwicklung, wie sie eben in knappen Strichen und idealtypisch geschildert wurde, ist jedoch im konkreten Fall durch verschiedene Faktoren eingeschränkt und behindert. Etwa bei einer jungen Frau, die eine jüngere behinderte Schwester hat und schon als Kind immer ihre eigenen Wünsche zugunsten ihrer behinderten Schwester zurückstellen musste. Oder im Fall eines jungen Mannes, der einen alkoholkranken und jähzornigen Vater hatte und seine Wünsche nur dann äußern konnte, wenn sein Vater nüchtern war und seine Wünsche nicht denen seines Vaters in die Quere kamen. Oder im Falle einer Lehrerin, die in einem sehr strengen und engen Elternhaus aufgewachsen war, in dem nur »normkonforme« Wünsche geäußert werden durften. Oder im Falle eines Jugendlichen, dessen Eltern mit seiner Erziehung überfordert waren, die ihm keine Grenzen setzen konnten und der diese erst erfahren hat, als er aufgrund verschiedener Eigentumsdelikte mit dem Gesetz in Konflikt kam. Solche und ähnliche Situationen können dazu führen, dass eine angemessene Form der Wahrnehmung der eigenen Bedürfnisse und derjenigen anderer gestört ist.

Ziel der folgenden Übungen ist es, möglichst bewusst und in einer nicht-wertenden Haltung die Geschichte der Erfüllung bzw. Nicht-Erfüllung der genannten Grundbedürfnisse im eigenen Leben wahrzunehmen.

3.
Der Übungsweg

Es empfiehlt sich, die Übungen in der hier vorgegebenen Reihenfolge zu machen, weil diese aufeinander aufbauen: Bei den ersten vier Übungen handelt es sich um grundlegende Vollzüge, die jedem zugänglich sind, die weiteren Übungen sind auf dem Hintergrund eines christlichen Menschenbildes formuliert.

Erste Übung:
Die Geschichte eines Bedürfnisses

Beschreibung

Sigmund Freud meinte, dass jedes menschliche Bedürfnis ein eigenes »Schicksal« hat – ähnlich wie auch der Mensch als Ganzes eine Geschichte hat, ein Schicksal erleidet. Freud spricht deshalb auch von »Triebschicksal«. Die folgende Übung ist eine Einladung, bewusst wahrzunehmen, welche Bedürfnisse in meinem Leben befriedigt wurden, welche nicht oder wo ich vielleicht von anderen zurückgewiesen wurde, weil ich bestimmte Bedürfnisse geäußert habe.

Übungsschritte

- Nehmen Sie sich ungefähr eine Stunde Zeit und wählen Sie ein Bedürfnis aus, das Ihnen besonders aufgefallen ist, oder eines, das Sie noch beschäftigt (Sie können dabei auf die Liste im vorherigen Kapitel zurückgreifen).
- Vergegenwärtigen Sie sich eine Situation – möglichst in Ihrer Kindheit oder Jugend –, in der Sie dieses Bedürfnis besonders stark erlebt haben: entweder weil es erfüllt wurde oder weil Sie auf seine Erfüllung verzichten mussten.
- Stellen Sie sich nun vor, dieses Bedürfnis wäre ein kleines Kind und Sie (als Erwachsene/-r) wären seine ältere Schwester oder sein älterer Bruder.

- Bitten Sie das »Bedürfnis-Kind«, Ihnen zu erzählen, wie es ihm seit seiner Geburt ergangen ist: was es alles erlebt hat – wo es glücklich war – wo es einsam oder unglücklich war. Hören Sie ihm zu und ermutigen Sie das »Bedürfnis-Kind«, Ihnen möglichst alles zu erzählen, was es Ihnen sagen möchte. Hören Sie interessiert zu und fragen Sie nach. Unterbrechen Sie die innere Erzählung nicht. Versuchen Sie nur zu spüren, was die Erzählung in Ihnen auslöst.
- Wenn Sie lange genug zugehört haben, antworten Sie dem Bedürfnis-Kind – vielleicht ergibt sich daraus ein innerer Dialog.
- Schließen Sie die Übung auf eine der folgenden Weisen ab:
  – Nehmen Sie Ihr »Bedürfnis-Kind« einfach in den Arm und zeigen ihm so, dass Sie es annehmen, wie es ist.
  – Sie können als Glaubender auch der Einladung Jesu folgen, der zu den Jüngern gesagt hat: »Lasset die Kinder zu mir kommen und wehret es ihnen nicht.« So können sie Ihr Bedürfnis-Kind zu Jesus bringen und auf Ihn schauen, wie Er es aufnimmt und sich um es kümmert.

Der folgende Text kann Ihnen vielleicht eine Hilfe sein, um einen persönlichen Zugang zur Übung zu finden.

Ein Bedürfnis ist wie ein Kind,
das in uns lebt und weint und lacht,
Hunger hat und bemerkt sein will.
Wer zu seinen Bedürfnissen zu oft sagt:
Sei still, ich habe jetzt keine Zeit für dich –

*dessen inneres Kind sitzt eines Tages
in einer vergessenen Ecke und trauert,
wird krank und verkümmert.*

*Mit Bedürfnissen soll man umgehen,
wie man mit einem Kind umgeht.
Man sieht ihm freundlich zu und aufmerksam,
man hört, was es klagt,
man leidet mit ihm, wenn es leidet.
Denn Bedürfnisse sind die lebendigsten Kräfte in uns,
und keine andere Kraft bringt so Lebendiges hervor.*

*Ein Kind hat auch Wünsche,
berechtigte, gute, schöne,
die nicht zu erfüllen sind.
Dann nehmen wir es auf den Arm
und sind mit ihm traurig.
Aber wir schicken es nicht weg.
Ein Kind kann oft nicht verstehen,
dass es nicht alles haben kann.
Aber man kann es lieben –
ihm Mut geben und Fröhlichkeit,
und Raum schaffen,
um seine Kräfte zu regen
und zu entfalten.*

(Nach Jörg Zink, Was bleibt, stiften die Liebenden, Stuttgart 1987)

Reflexion

Um mit Bedürfnissen innerlich frei umgehen zu können, braucht es eine gewisse innere Distanz zu ihnen. Diese ist nur um den Preis einer »milden« Frustration (Anna Freud) zu erwerben: durch die Fähigkeit und Bereitschaft zu einem zeitweisen bzw. teilweisen Verzicht auf ihre unmittelbare Befriedigung. Eine Frage kann lauten: Was passiert mit mir, wenn ein Bedürfnis nicht erfüllt wird? Reagiere ich verärgert, »cool«, aufbrausend, mit Rückzug, enttäuscht? Oder beginne ich nach einem anderen Weg der Erfüllung zu suchen? Wie steht es um meine innere Freiheit? Habe ich ein Ziel, um dessentwillen ich auch auf die unmittelbare Befriedigung von Bedürfnissen verzichten kann? Dabei kann es hilfreich sein, der Frage nachzugehen, in welchen Situationen meines Lebens mir ein teilweiser Verzicht möglich war, in welchen nicht. Eine andere Möglichkeit besteht darin, mir einen »inneren Begleiter« oder eine »innere Begleiterin« zu suchen, indem ich eine gute Biographie lese und mich dabei frage: Wie sind z.B. Martin Luther King, Mutter Teresa, Dag Hammersköld mit einer Bedürfnisenttäuschung umgegangen? Was hat ihnen geholfen, was kann ich davon lernen? Oft ist es auch gut, mit einem befreundeten Menschen darüber zu sprechen.

Zweite Übung:
Eine ausführliche Liste meiner Bedürfnisse erstellen

Hinführung

Stellen Sie sich vor: Sie gehen durch eine Geschäftsstraße und sehen ein Kleidungsstück, das Ihnen gefällt, und spüren den Wunsch, es zu kaufen. Sie haben Hunger und wollen etwas essen. Sie haben einen befristeten Arbeitsvertrag und wollen endlich Sicherheit haben, ob er verlängert wird. Sie haben anstrengende Monate hinter sich und wollen mit Ihrer Familie in Urlaub fahren. All diese Wünsche werden als Bedürfnis bezeichnet, weil sie in unserem Menschsein begründet sind und unser Verhalten bestimmen. Bedürfnisse stammen entweder
- aus einem Mangelzustand des Organismus: In diesem Fall handelt es sich um *physiologische Bedürfnisse* wie Essen, Trinken, Schlafen, Ruhe, Bewegung;
- oder sie sind in der Tatsache begründet, dass jeder Mensch andere Menschen braucht, um zu leben: In diesem Fall handelt es sich um *psycho-soziale Bedürfnisse* nach Anerkennung und Freundschaft, Ordnung und Leistung, Hilfe empfangen und Hilfe geben;
- oder sie beruhen auf der Tatsache, dass der Mensch mit Verstand begabt ist und dieser nach Entfaltung drängt: In diesem Fall handelt es sich um *geistige Bedürfnisse* nach Wissen, nach Orientierung, nach Transzendenz.

Während ich im ersten Abschnitt einige wenige Grundbedürfnisse aus einer entwicklungspsychologischen Perspektive dargestellt habe, geht es jetzt um eine differenziertere Betrachtungsweise einer Gruppe menschlicher Bedürfnisse, der psycho-sozialen.

Vorbereitung: Mich mit der Beschreibung der psycho-sozialen Bedürfnisse vertraut machen

Bevor Sie mit der eigentlichen Übung beginnen, lesen Sie die folgende sehr differenzierte Liste psycho-sozialer Bedürfnisse durch, wie sie Henry Murray, ein amerikanischer Psychologe, vorgelegt hat. Ich lade Sie ein, die nun folgenden Beschreibungen nach dem »Goldgräberprinzip« zu lesen: Wenden Sie zunächst nur denjenigen Bedürfnissen oder Beschreibungen Ihre Aufmerksamkeit zu, die Sie in irgendeiner Weise ansprechen, sei es, dass Sie beim Lesen denken: »Das kenne ich«, sei es, dass Sie innerlich eine Abwehr spüren: »So will ich nicht sein.« Sie brauchen sich nicht gleich alle Bedürfnisse einzuprägen. Sie können dann mit denjenigen Bedürfnisbeschreibungen weiterarbeiten, die Sie angesprochen haben.

Bedürfnis nach Anerkennung
Beachtung und Lob erhalten, zu Ehren kommen, Prestige gewinnen wollen.
Beispiel: Einem kleinen Kind ist es das erste Mal gelungen, die Knöpfe an seinem Kindermantel selbst zuzuknöpfen – und möchte dafür von der Mutter gelobt werden. Eine Musikschülerin hat lange an einem Stück geübt – und erwartet von ihrem Lehrer eine entsprechende Würdigung ihrer Leistung.

Bedürfnis, Hilfe zu erhalten
Die mitfühlende Hilfe eines nahestehenden Menschen erwarten, etwas von anderen Menschen bekommen wollen.
Beispiel: Sie haben eine heftige Grippe und möchten, dass Sie Ihr Ehepartner pflegt und Verständnis für Ihre Situation zeigt.

Bedürfnis, aufzufallen
Gesehen und gehört werden wollen. Andere durch sein Verhalten beeindrucken, anziehen, aufreizen, in Erstaunen versetzen, begeistern oder unterhalten wollen.
Beispiel: Es ist Abend, nach einer anstrengenden Fortbildung sitzen die TeilnehmerInnen im Keller zusammen. Jemand beginnt interessante Witze zu erzählen und genießt das Lachen und die Aufmerksamkeit, die ihm geschenkt wird.

Bedürfnis, klein zu sein
Sich passiv äußerem Druck beugen, den Erwartungen oder Forderungen anderer nachgeben, schnell bereit sein, die eigenen Unzulänglichkeiten, Fehler oder Irrtümer zuzugeben, dazu neigen, sich selbst schnell die Schuld zu geben. In der Literatur wird dieses Bedürfnis häufig auf ein Gefühl der Unterlegenheit oder Unzulänglichkeit zurückgeführt.
Beispiel: Im Büro ist ein wichtiger Antrag nicht bearbeitet worden. Grund dafür scheint zu sein, dass er nicht rechtzeitig an den zuständigen Sachbearbeiter weitergeleitet wurde. Obwohl es also nicht das Versäumnis des Sachbearbeiters, sondern das seines Vorgesetzten war, übernimmt er sofort die Verantwortung dafür und entschuldigt sich mit der vielen Arbeit, die er zurzeit hat.

Bedürfnis, Kritik und Versagen zu vermeiden
Sich gegen Kritik, Angriffe oder Tadel verteidigen. Ein Versagen oder eine Demütigung vermeiden wollen. Sich passiv äußerem Druck anpassen, um keine Kritik oder Ablehnung zu erfahren. Nicht initiativ werden aus Furcht vor Versagen. Dieses Bedürfnis zeigt sich oft im übermäßigen Gebrauch von Worten wie »vielleicht«, »eigentlich«, »in etwa«, »möglicherweise« – alles Worte, die verhindern sollen, dass ihm »nachgewiesen« werden könnte, er habe sich geirrt. Theodor W. Adorno hat in diesem Zusammenhang vom »Jargon der Eigentlichkeit« gesprochen. Beispiel: Bei einer Teambesprechung ist ein Teilnehmer anderer Meinung als sein Chef. Aus Angst, er könnte berufliche Nachteile haben, wenn er seine (abweichende) Meinung freimütig äußert, teilt er seine Sichtweise in einer sehr vorsichtigen und unklaren Weise mit, sodass die Äußerung bewusst mehrdeutig bleibt.

Ein anderes Beispiel: In wissenschaftlichen Veröffentlichungen werden immer wieder bestimmte Bemerkungen mit so vielen Einschränkungen versehen, dass am Schluss nicht mehr wirklich deutlich wird, was der Autor sagen will.

Bedürfnis nach Besitz[3]
Geld und Gut für sich selbst erwerben wollen.
Beispiel: Die Freude, die ein junger Mensch hat, wenn er das erste Mal selbst sein Geld verdient, die Freude über ein eigenes Haus, ein eigenes Auto.

Formen der Aggression
Während Sigmund Freud und mit ihm die Psychoanalyse den Aggressionstrieb, d.h. das Bedürfnis nach Aggres-

sion – neben dem Sexualtrieb – als einen grundlegenden menschlichen Trieb ansieht, der alle Formen der Distanzierung von anderen Menschen bis hin zum Tötungswunsch umfasst, differenziert Murray diesen elementaren menschlichen Trieb in drei Bedürfnisse, die im folgenden getrennt dargestellt werden:

- das Bedürfnis nach destruktiver Aggression; wenn es sich um einen zerstörerisch-destruktiven Ausdruck handelt;
- das Bedürfnis nach Überlegenheit als Bedürfnis, andere zu beeinflussen, wenn es sich um eine allgemeine Weise handelt, das eigene Umfeld oder andere Personen (Mitarbeiter, Freunde, Ehepartner, Kinder) so zu beeinflussen, dass sie tun, was uns richtig scheint;
- das Bedürfnis, Widerstand zu leisten, wenn es sich um eine konstruktive Form des Durchsetzens des eigenen Standpunktes in einem Konfliktfall handelt.

Bedürfnis nach destruktiver Aggression
Einen Widerstand mit Gewalt überwinden, Kränkungen vergelten, andere bestrafen wollen, verletzen oder beleidigen. Aggression kann sich aktiv oder passiv, offen oder versteckt äußern.
Beispiel: Marvin, ein Jugendlicher, lehnt an einem Haus, mit einem Bier in der Hand. Kevin, ein Mitschüler, kommt vorbei. Die beiden unterhalten sich, doch bald kommt es zum Streit, weil Kevin Marvin bittet, ihm Geld zu leihen, dieser es aber verweigert. Als Kevin nicht locker lässt und ihn mehr und mehr bedrängt, versetzt Marvin ihm mit seinem Fuß einen solchen Tritt, dass Kevin hinfällt und sich an der Bordsteinkante verletzt. – An die-

sem Beispiel zeigt sich, wie sich die Aggression, die bei beiden Jugendlichen vorhanden ist, langsam »hochschaukelt« und es schließlich bei Marvin zu einer deutlich aggressiv-destruktiven Handlung kommt.

Bedürfnis nach Überlegenheit
Seine Umwelt unter Kontrolle bringen, das Verhalten anderer durch Vorschläge, Überreden, verlockende Angebote, Befehle oder Warnungen beeinflussen wollen.
Beispiel: Ein Kunde möchte sein Geld anlegen. Aufgrund der aktuellen wirtschaftlichen Situation möchte er dabei kein finanzielles Risiko eingehen. Der Angestellte der Bank versucht jedoch von einem eher risikoträchtigeren Produkt zu überzeugen, weil er selbst dafür eine höhere Provision bekommt.

Bedürfnis, Widerstand zu leisten
Mit Beharrlichkeit schwierige, enttäuschende oder unbequeme Erfahrungen überwinden wollen. Entwicklungspsychologisch gesehen, zeigt sich dieses Bedürfnis vor allem in zwei Phasen: in der Trotzphase des Kleinkindes und in der Pubertät. Es dient dazu, das eigene Ich gegenüber den Ansprüchen und Erwartungen anderer zu behaupten.
Beispiel: In einer Woche findet eine Familienfeier statt. Die Großmutter feiert ihren 70. Geburtstag. Als es um die Frage geht, wer was anzieht, besteht die fünfzehnjährige Tochter darauf, ihre neue Marken-Jeans anzuziehen. Die Mutter ist da anderer Meinung; sie müsse etwas Eleganteres anziehen. Als sich die Meinungsverschiedenheit nicht ausräumen lässt, wird die Sache schließlich gemeinsam mit dem Vater und ihren beiden Brüdern verhandelt. Schließlich gelingt es, einen Kompromiss zu finden: Die

Tochter darf ihre neuen Jeans anziehen, erklärt sich dafür aber bereit, eine weiße Bluse dazu anzuziehen.

Bedürfnis nach Erotik und Sexualität
Sich von einem Mann/einer Frau angezogen fühlen oder faszinieren lassen wollen. Eine erotische Beziehung aufnehmen oder fördern, zärtliche Berührungen austauschen, Geschlechtsverkehr mit jemandem haben wollen.
Beispiel: Bei einem Geschäftsessen fühlt sich ein Mann von einer Frau angesprochen. Phantasien folgen. Er überlegt, wo und bei welcher Gelegenheit er sie wiedertreffen könnte, was er dann sagen und tun würde.

Bedürfnis nach Gewährung von Hilfe
Einem hilflosen Menschen Mitgefühl schenken, ihn trösten, ihm helfen, ihn unterstützen wollen. Es hätte wohl niemand von uns seine Fähigkeiten entfalten können, hätte es nicht Menschen gegeben, die ihm spontan geholfen hätten: Eltern, Verwandte, Ärzte, Lehrer, Freunde.
Beispiel: Eine überfüllte U-Bahn fährt in die Station ein. Eine junge Frau mit Kinderwagen schafft es kaum, hineinzukommen. Ein Mann bemerkt es, bittet die Umstehenden, etwas zur Seite zu gehen, und hilft der Frau, den Kinderwagen in den Wagon der U-Bahn zu heben.

Bedürfnis nach Freundschaft
Jemand anderem nahe sein, eine gegenseitige Beziehung eingehen, einer geliebten Person gefallen und ihre Zuneigung gewinnen wollen. Im Unterschied zum Bedürfnis, Hilfe zu geben oder zu bekommen, Anerkennung zu bekommen, ist dieses Bedürfnis auf eine wechselseitige, partnerschaftliche Beziehung hin ausgerichtet.

Beispiel: Auf einem Kinderspielplatz tun sich zwei Kinder zusammen, verstecken sich gemeinsam, »hecken Pläne aus«, der eine wird für den anderen besonders wichtig. Eine Freundschaft entsteht.

Bedürfnis nach Leistung
Verschiedene Dinge organisieren, schwierige Aufgaben zu Ende führen, einen höheren Standard erreichen, andere übertreffen, sein Selbstwertgefühl durch den Einsatz der eigenen Talente stärken wollen.
Beispiel: Ein ehemaliger Mitschüler ist inzwischen Abteilungsleiter in einem technischen Betrieb. Als ich ihn besuchte, lag auf seinem Schreibtisch eine Schraube – das Werkstück, das er am Ende seiner Lehre abgeliefert hatte, um seine praktischen Fähigkeiten unter Beweis zu stellen. Er braucht dieses Stück nicht mehr und doch erinnert es ihn an den Anfang seiner beruflichen Entwicklung und seiner Leistungsfähigkeit.

Bedürfnis nach Ordnung
Dinge in Ordnung bringen, Reinlichkeit, Ausgeglichenheit, Genauigkeit und Präzision erreichen wollen. Auch wenn dieses Bedürfnis bei verschiedenen Menschen sehr unterschiedlich ausgeprägt sein mag, ist es doch bei allen Menschen vorhanden.
Beispiel: In regelmäßigen Abständen heften wir unsere Unterlagen ab, ordnen Bücher nach Sachgebieten in einem Schrank, räumen das Essbesteck nach einem bestimmten System in einer dafür bestimmten Schublade auf.

Bedürfnis nach Selbständigkeit
Zwänge abschütteln und frei werden, ungebunden sein, sich Konventionen und Vorschriften beherrschender Autoritäten widersetzen wollen.
Beispiel: Denken Sie an das Strahlen und den Stolz eines Kindes, wenn es ihm das erste Mal gelungen ist, selbst sein Mäntelchen zuzuknöpfen oder selbst mit Messer und Gabel zu essen – ohne Hilfe der Mutter.

Bedürfnis nach Aufregung und Spannung
Langeweile vermeiden, spannende und aufregende oder risikoträchtige Situationen suchen.
Beispiel: Jemand verbringt seinen Urlaub gerne in den Bergen. Bestimmte Berge hat er schon öfters bestiegen. Das Wetter ist schön und er ist in guter Kondition. So beschließt er, eine neue herausfordernde Route auszuprobieren, weil er einfach Interesse hat, einen neuen Berg kennenzulernen.

Bedürfnis nach Unterordnung
Jemand Höhergestellten bewundern, andere loben, honorieren oder sich von ihnen beeinflussen lassen wollen. Vorbildern nacheifern, sich an Gewohntes anpassen wollen. Dabei handelt es sich um das gegenläufige Bedürfnis zum Wunsch nach Überlegenheit. Unterordnung befriedigt den Wunsch nach Sicherheit und oft auch den Wunsch nach Angenommensein.
Beispiel: Eine Pfarrei wird von einem als »baufreudig« bekannten Pfarrer geleitet. Im Blick auf die anstehende Sanierung des Gemeindezentrums favorisiert er eine eher kostspielige Variante. Obwohl einige Mitglieder dazu neigen, eine billigere Variante zu bevorzugen, sagen sie bei

der Sitzung des Bauausschusses nichts, sondern argumentieren eher in der Richtung: »Das muss der Pfarrer und dann die Diözese entscheiden.« Sie neigen also dazu, ihre Sichtweise der einer übergeordneten Autorität unterzuordnen.

Bedürfnis nach Veränderung
Seine Umwelt, Beziehungen und Tätigkeiten verändern, neue Dinge in Angriff nehmen wollen.
Beispiel: Früher hatte ich wiederholt Fortbildungen in der ehemaligen DDR. Obwohl die Menschen dort alles hatten, was sie zum Leben brauchten, waren sie – zu Recht – frustriert, denn es gab nur eine Sorte von Seife, nur eine Sorte von Taschentüchern, nur wenige Möglichkeiten, Urlaub zu machen, mit anderen Worten, es gab kaum eine Möglichkeit, Alternativen auszuprobieren.

Bedürfnis nach Wissen
Den Drang verspüren, neue Informationen oder Kenntnisse zu sammeln. Sich mit vorhandenem Wissen nicht zufriedengeben wollen.
Beispiel: Das tägliche Zeitunglesen, das Treffen mit den Nachbarn, das Recherchieren im Internet, all diese Tätigkeiten sind Ausdruck unseres Bedürfnisses nach Wissen, unseres Wunsches, informiert zu sein.

Bedürfnis nach Beheimatung[4]
Den Wunsch haben, sich ein vertrautes und stabiles soziales Umfeld aufzubauen, zum Beispiel eine eigene Wohnung oder ein Haus zu erwerben, in einer vertrauten Umgebung leben und wohnen zu wollen.

Die Bedürfnisliste

Nachdem Sie sich mit den eben geschilderten Bedürfnissen vertraut gemacht haben, nehmen Sie sich zwanzig bis dreißig Minuten Zeit und stellen eine Liste all derjenigen Bedürfnisse zusammen, von denen Sie meinen, dass Sie zum gegenwärtigen Zeitpunkt von besonderer Bedeutung für Sie sind. Dabei kann es hilfreich sein, sich folgende Fragen zu stellen: Welche Bedürfnisse sind Ihnen beim Lesen aufgefallen, haben eine Reaktion in Ihnen ausgelöst? Von welchem Bedürfnis, welcher Beschreibung haben Sie sich beim Lesen besonders angesprochen gefühlt? Eine andere Möglichkeit besteht darin, an Situationen zu denken, in denen Sie glücklich waren. Welche der genannten Bedürfnisse wurden da erfüllt? Sie können auch umgekehrt Situationen nachspüren, in denen Sie enttäuscht, entmutigt, ärgerlich oder traurig waren. Fragen Sie sich dann, welche Bedürfnisse Sie in dieser Situation hatten und *wie* Ihre Erwartungen enttäuscht wurden. Wenn Sie auf diese Weise ein oder zwei für Sie im Moment wichtige Bedürfnisse identifiziert haben, achten Sie am kommenden Tag (an den kommenden Tagen) immer wieder darauf, wie sich dieses Bedürfnis zeigt bzw. »bemerkbar« macht.

Vertiefung: wahrnehmen und annehmen

Eigene Bedürfnisse wahrzunehmen ist eine unabdingbare Voraussetzung für einen konstruktiven, lebensfördernden Umgang mit ihnen. Dies ist eine Einsicht, die auch für viele therapeutische Schulen von großer Bedeutung ist. Sigmund Freud drückt diese Einsicht lapidar in der Forderung aus: »Wo Es war, soll Ich werden!« Mit anderen Worten: Die unbewusst-triebhaften Bereiche der eigenen Person sollen langsam durch das Ich als bewusste Steuerungsinstanz wahrgenommen werden, damit ein Mensch frei ist, zu tun, was er für richtig findet, ohne in seinem Handeln ständig von ihm unbewussten Bedürfnissen bestimmt zu sein. Carl Gustav Jung spricht von der »Annahme des Schattens« und meint damit die Aufgabe, vor der sich vor allem Menschen in der Lebensmitte befinden: ihre Aufmerksamkeit denjenigen Aspekten und Bedürfnissen zuzuwenden, die in ihrem bisherigen Lebensentwurf kaum Raum hatten. In einem theologischen Kontext argumentiert Irenäus von Lyon für die Menschwerdung Gottes in Jesus Christus mit dem Grundsatz: »Was nicht angenommen wird, kann nicht erlöst werden.« Die Wahrheit dieses Satzes haben zu seiner Zeit vor allem die ersten Mönche in der Wüste versucht durchzubuchstabieren. Dabei haben sie immer wieder die Erfahrung gemacht: Nur dort, wo sie eigene Bedürfnisse (in ihrer Sprache: Gedanken und Leidenschaften) wahrnehmen und im Gespräch mit ihrem Begleiter aussprechen, können ihre inneren Strebungen durch das Licht Christi erlöst und verwandelt werden.[5]

Gehen Sie Ihre Liste nochmals durch und versuchen Sie dabei wahrzunehmen, welche Bedürfnisse »zu Ihnen passen« oder umgekehrt, welche Ihnen als »fremd«, nicht zu Ihnen gehörig erscheinen. Dabei kann es eine Hilfe sein, sich diese Bedürfnisse im Sinne des Textes von Jörg Zink als »innere Kinder« vorzustellen: Fragen Sie sich, welche dieser Kinder Sie mögen, welche weniger? Worauf sind Sie stolz, wofür schämen Sie sich vielleicht?

Um zu sehen, wie sehr es Ihnen möglich ist, Ihre Bedürfnisse wirklich anzunehmen, kann es hilfreich sein, Ihre Wahrnehmungen mit einem Menschen zu teilen, dem Sie vertrauen: Ihrer Frau, Ihrem Mann, einem guten Freund oder Bekannten.

Dritte Übung: Widersprüchliche Bedürfnisse wahrnehmen

Der anthropologische Hintergrund

Die Begründer verschiedener psychologischer Schulen gingen von Bedürfnispolaritäten aus. Sigmund Freud ging von der Grundspannung zwischen dem Sexualtrieb und dem Aggressions- oder Todestrieb aus, also der Polarität des Bedürfnisses nach Nähe und Zuwendung und demjenigen nach Distanz, Zerstörung, Abwendung. Alfred Adler spricht von der Polarität zwischen dem »Minderwertigkeitsgefühl« und dem »Machttrieb«, also der Polarität zwischen dem Bedürfnis, klein zu sein, und dem Wunsch, andere zu beeinflussen oder zu beherrschen. Erik Erikson hat ein Modell vorgestellt, das die menschliche Entwicklung in Polaritäten beschreibt.[6] Im Unterschied zu den im Folgenden dargestellten Polaritäten handelt es sich bei Erikson um Polaritäten, von denen jeweils ein Pol die erwünschte Entwicklungsrichtung beschreibt, der andere die unerwünschte. Die Polaritäten sind Ur-Vertrauen gegen Ur-Misstrauen, Autonomie gegen Scham und Zweifel, Initiative gegen Schuldgefühl, Werksinn gegen Minderwertigkeit, Identität gegen Identitätsdiffusion, Intimität und Distanzierung gegen Selbstbezogenheit, Generativität gegen Stagnation, Integrität gegen Verzweiflung und Ekel. Auch Carl Gustav Jung versucht sich dem Geheimnis der menschlichen Person anzunähern, indem er die menschliche Entwicklung beschreibt als eine Entfaltung polarer Bedürfnisse: Extroversion (Bedürfnis, sich zu entfalten und Orientierung im sozialen Umfeld zu suchen und zu finden) und Introversion (Bedürfnis, sich auf sich selbst zu beziehen, in sich zu ruhen, Orientierung im eigenen Inneren zu finden), Animus (Bedürfnis, Situationen durch aktives Anpacken zu bewältigen) und Anima (Bedürfnis, Situationen durch Sich-Einlassen und eine Haltung des Geschehen-Lassens zu bewältigen). So lassen sich auch die meisten der oben beschriebenen Bedürfnisse als einander widersprechende bzw. ergänzende Wünsche beschreiben. Ich habe deshalb die Bedürfnisse in Form eines »Bedürfnisrades« angeordnet.

Betrachten Sie die folgende Graphik und folgen Sie dann denn weiteren Übungsanweisungen.

Abb. 1: Bedürfnisrad

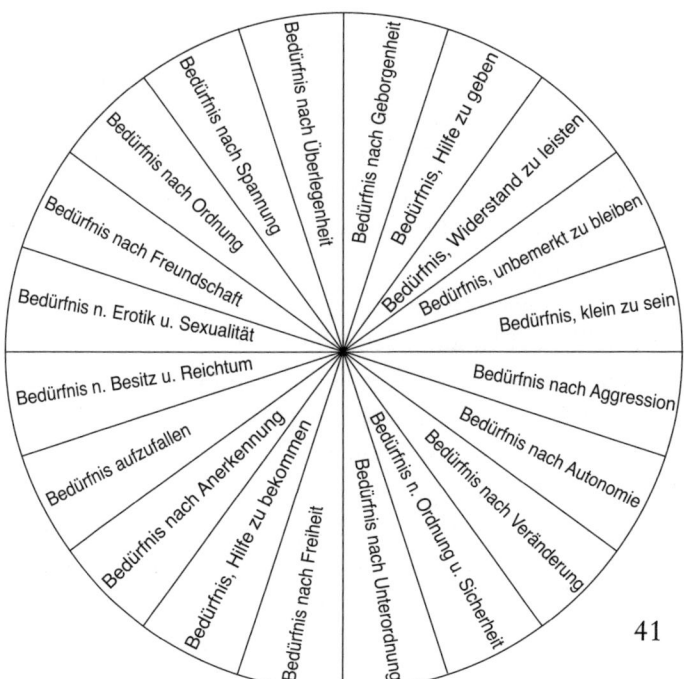

Hinführung

Wenn Sie dieses Bedürfnisrad betrachtet haben, werden Sie wahrscheinlich die eine oder andere Spannung als etwas erleben, das Ihnen vertraut ist. Wir sehnen uns nach Freiheit und wollen doch auch Geborgenheit, in persönlichen Beziehungen wollen wir Nähe erfahren, möchten dennoch auch einen inneren Freiraum. Leben vollzieht sich als ein Hin- und Herpendeln zwischen den verschiedenen Bedürfnispolaritäten. Darin wird es erfahrbar und gewinnt Gestalt. So spüren wir, dass sich recht unterschiedliche Bedürfnisse in unserem Inneren melden, die sich oft auch widersprechen, so z.B. das Bedürfnis nach Sicherheit und Geborgenheit und der Wunsch nach Freiheit und Unabhängigkeit oder aber der Wunsch, verschiedene Fähigkeiten zur Entfaltung zu bringen, wobei jedoch die verfügbare Zeit und äußere Umstände dies verhindern (Notwendigkeit, Geld zu verdienen; konkrete, oft zeitraubende Aufgaben zu übernehmen; einen pflegebedürftig gewordenen Angehörigen zu versorgen). Wir machen die Erfahrung: Unser Verlangen geht nie nur in eine Richtung, sondern in verschiedene Richtungen – nach dem Motto: »Einerseits will ich ..., andererseits würde ich gerne ...«

Leben in seiner vollen Gestalt ist nur möglich, wenn die Vielschichtigkeit und auch Widersprüchlichkeit menschlicher Bedürfnisse ernst genommen und nicht geleugnet wird. Wird diese Spannung als positiv oder bereichernd erlebt, so sprechen wir von *Polaritäten,* wird diese Vielschichtigkeit als negativ oder belastend erlebt, so sprechen wir eher von *Ambivalenzen* oder *Widersprüchlichkeiten.* Auf Dauer können wir nur glücklich werden, wenn wir die Grundstruktur unseres Verlangens in seiner Polarität annehmen und gestalten, ohne uns von der möglichen Ambivalenz lähmen zu lassen. Dies gelingt meist dann am besten, wenn wir für eine bestimmte Zeit in eine Richtung gehen, zu einer anderen Zeit in eine andere Richtung. So ist es notwendig, Wünsche, Dinge, Pläne, Phantasien, Sorgen und Verletzungen immer wieder loszulassen, sich von liebgewordenen Menschen zu lösen, kurz gesagt: sich zu ent-»scheiden«, um der gewählten Richtung zu folgen. Kurz gesagt: auf die Erfüllung eines Wunsches im Moment zu verzichten, um einer anderen Form der Erfüllung Raum zu geben.

Das Gelingen unseres Lebens hängt davon ab, wie weit es uns gelingt, diese unterschiedlichen, einander widersprechenden Bestrebungen in einer gesunden und lebendigen Balance zu halten. So ist im Bereich der Unternehmens- und Personalentwicklung heute häufig von der »Work-Life-Balance« die Rede, also einer gelungenen Balance zwischen Arbeit und Beruf auf der einen und Privatleben auf der anderen Seite. Auch alle großen spirituellen Lebensregeln formulieren solche Polaritäten: Benedikt spricht von der Spannung zwischen Beten und Arbeiten, Franziskus von der Spannung zwischen Armut und Fülle/Reichtum, Ignatius von der Spannung zwischen Aktion und Kontemplation, Dietrich Bonhoeffer von der Spannung zwischen »einsamem Tag« und »gemeinsamem Tag«.

Die folgende Übung kann helfen, diese Spannung wahrzunehmen, bewusst zu bejahen und auf eine wachstumsfördernde, dem Evangelium gemäße Weise zu leben.

Übungsschritte

- Betrachten Sie nochmals das »Bedürfnisrad« und zeichnen Sie Ihr *eigenes Bedürfnisrad,* in dem sie nur diejenigen Polaritäten vermerken, die Ihnen vertraut sind.
- Dann markieren Sie mit einem farbigen Stift den Punkt, an dem Sie sich im Moment erleben. Beispiel: Sie haben die Polarität »Freiheit – Geborgenheit« gewählt. Ist im Moment Ihr Wunsch nach Freiheit sehr ausgeprägt, so machen Sie einen farbigen Punkt am Segmentrand des Segments »Freiheit«, ist dagegen im Moment mehr Ihr Wunsch nach Geborgenheit ausgeprägt, so machen Sie einen Punkt in der Nähe des Kreisrandes »Geborgenheit«. In ähnlicher Weise verfahren Sie auch mit den anderen Polaritäten.
- Lassen Sie nun das »bepunktete Bedürfnisrad« auf sich wirken und versuchen Sie zu spüren, an welchen Punkten Sie mit sich zufrieden sind und an welchen nicht.
- Überlegen Sie, welche Schritte Sie unternehmen könnten, um eine bessere Balance zu finden.

Vertiefung

- Vergegenwärtigen Sie sich einige Situationen, in denen Ihr Leben nicht in Balance war, in denen es in Unordnung geraten ist (z.B. zwischen Beruf und Familie, sitzender Tätigkeit und Bewegung, Erledigung von Routineaufgaben und kreativen Herausforderungen).
- Betrachten Sie dann das Bedürfnisrad und versuchen Sie dann die Situationen den in diesem Rad angedeuteten Polaritäten zuzuordnen.

- Spüren Sie nach, wo es Ihnen gelungen ist oder geschenkt wurde, dass Sie wieder zu einer inneren Balance gefunden haben. Wer oder was hat Ihnen dabei geholfen?
- Versuchen Sie dann zu einer Haltung der Dankbarkeit zu finden für die Situationen, in denen Ihnen eine innere Balance geschenkt wurde.

Oft wird es hilfreich sein, sich solche Situationen aufzuschreiben. Es handelt sich dabei um Hinweise auf Ihre inneren Ressourcen, die auch in Zukunft für Sie bedeutsam sein können.
Nach Abschluss der Übung nehmen Sie sich noch einige Minuten Zeit, um nachzuspüren, was Ihnen in dieser Übung deutlich geworden ist, was Sie über sich selbst und Ihre Art und Weise, mit dieser Spannung umzugehen, gelernt haben.

Eine weitere Möglichkeit der Vertiefung

Stellen Sie sich vor, die verschiedenen Bedürfnisse wären Ihre Kinder. Auf welche wären Sie stolz? Für welche würden Sie sich eher schämen? Folgen Sie der Einladung Jesu, *alle* Kinder zu ihm zu bringen. Nehmen Sie wahr, was er tut. Schließen Sie die Übung mit einer kurzen Bitte oder einem kurzen Dank ab.

Vierte Übung:
Eigene und fremde Bedürfnisse wahrnehmen

Hinführung

In der Einleitung war davon die Rede, dass sich beim Kleinkind ein Grundvertrauen entwickeln kann, wenn seine Mutter ein Gespür für seine Bedürfnisse entwickelt und diese in einer angemessenen Weise erfüllt. Während diese Beziehung zunächst einseitig ist (das Kind äußert Bedürfnisse – die Mutter nimmt sie wahr und erfüllt sie, so weit dies möglich ist), lernt das Kind allmählich auch seinerseits die Bedürfnisse anderer – der Spielgefährten, der Geschwister, der Eltern – wahrzunehmen und zu respektieren.

In Konfliktsituationen, zu Stresszeiten, in Belastungssituationen neigen wir jedoch auch als Erwachsene dazu, in das Verhaltensmuster eines kleinen Kindes zurückzufallen, indem wir vorwiegend mit der Durchsetzung und Erfüllung eigener Bedürfnisse beschäftigt sind, ohne uns genügend um die Bedürfnisse anderer zu kümmern: unserer Ehepartner, Kinder, Freunde, Eltern oder Arbeitskollegen. Die folgende Übung kann ein Hilfe zur besseren Wahrnehmung der Bedürfnisse anderer sein.

Übungsschritte

Suchen Sie in Zeitschriften, Fotobänden oder in Fotoalben nach Bildern, die Personen in verschiedenen Situationen festhalten: beim Spielen, beim Essen, beim Arzt, bei Überschwemmungen, in der Natur.
Wählen Sie zunächst ein Bild aus, das Sie anspricht, auch wenn Sie nicht genau sagen können, warum.
Schauen Sie dieses Bild lange an und lassen Sie es auf sich wirken. Schauen Sie es an in einer Haltung des Sich-Betreffen-Lassens, nicht in der Haltung eines analysierenden Verstehen-Wollens. Versuchen Sie sich in die Lage dieser Person einzufühlen.
Fragen Sie sich: Wie fühlt sich wohl die Person, die ich auf diesem Bild sehe? Welche Wünsche oder Bedürfnisse hat sie wohl? Es tut nichts zur Sache, ob Ihre Vermutung tatsächlich zutrifft oder nicht. Indem Sie versuchen, sich in die Lage der Person oder der Personen auf dem Foto einzufühlen, werden Sie mit Ihren eigenen Wünschen und Bedürfnissen konfrontiert.
Schreiben Sie dann eine kurze Geschichte, die Ihnen zu diesem Foto einfällt – eine Geschichte, die einen Anfang, eine Entwicklung und ein Ende hat; eine Geschichte, in der zum Ausdruck kommt, was die Personen der Geschichte empfinden und tun.
Lesen Sie die Geschichte halblaut durch und spüren Sie nach, welche Bedürfnisse hier im Spiel sind. Sind sie Ihnen vertraut? Ist Ihnen die Art des Umgangs mit ihnen vertraut – oder fremd? Erinnert Sie die Geschichte an Ereignisse in Ihrem Leben? Wenn ja, an welche? Welche Bedürfnisse zeigten sich damals? Wurden sie erfüllt – oder enttäuscht?

Reflexion

Die Übung kann helfen der Frage nachzuspüren, wie verantwortlich Sie mit Ihren eigenen Bedürfnissen im Kontakt mit anderen umgehen. Ein Leitwort kann der Begriff »Verantwortung« sein. Im Deutschen wird es schon von seiner Wortbedeutung her deutlich, dass es um Beziehung, um »Antwort« auf das Angesprochen-Werden durch einen anderen geht. Verantwortung könnte sinngemäß auch mit »Ansprechbarkeit« wiedergegeben werden. Verantwortliche Menschen sind jene, die fähig und bereit sind, für die Auswirkungen und Folgen ihres Tuns vor sich selbst, vor anderen Menschen und vor Gott einzustehen. Gemäß diesen Instanzen – Ich, andere Menschen, Gott – kann zwischen religiöser, sozialer und Selbstverantwortung unterschieden werden. Verantwortung ist im Grunde eine Treue zum eigenen Sein und zu dem der anderen. Eine christliche Anthropologie geht von der Voraussetzung aus, dass zwischen der Orientierung an persönlichen Bedürfnissen und der Verantwortung Gott gegenüber zwar eine Spannung, aber kein Widerspruch besteht. Neben den Gefahren, die mit einer Orientierung menschlicher Handlungen an den Bedürfnissen gegeben sind (übermäßige Bedürfnisbefriedigung, übermäßige Bedürfnisverleugnung), soll hier auch auf die Chancen hingewiesen werden: Verantwortliches Leben bedeutet, dass der Mensch zugleich den Anspruch fremder und eigener Bedürfnisse wahrnimmt. Die Aufgabe besteht darin, immer wieder von Neuem eine Balance zwischen diesen beiden Orientierungspunkten – an den eigenen Wünschen und an denen anderer – zu finden. Können sich beide auf ein gemeinsames Orientierungssystem

(persönlicher Glaube, Tradition) beziehen, so ist es meist eher möglich, dass diese Balance gelingt.
Wie Befriedigung von Grundbedürfnissen und Verantwortung füreinander und für Gott zusammengehen können, wird im Neuen Testament exemplarisch geschildert: in der Erzählung von der Jerusalemer Urgemeinde in der Apostelgeschichte. Die Apostelgeschichte beschreibt die Urgemeinde als ein Zusammensein aller gläubig Gewordenen, als einen gemeinsamen Besitz aller Güter, ein Verteilen der Güter je nach den Bedürfnissen der Einzelnen. Dieser Umgang führte dazu, dass kein Bedürftiger unter ihnen war (Apg 2,42–45; 4,32–37). Lukas macht am Beispiel der Jerusalemer Urgemeinde deutlich: Zusammenleben aus christlicher Sicht gelingt dort, wo Menschen sowohl ihre eigenen Bedürfnisse als auch diejenigen ihrer Mitchristen wahrnehmen, wo die Erfüllung eigener Bedürfnisse nicht auf Kosten der anderen geschieht.

Vertiefung

Betrachten Sie nochmals die Fotos und wählen Sie eines aus, das ein Beziehungsgeschehen darstellt.
Schreiben Sie dazu eine Kurzgeschichte, in der ein *verantwortungsvoller Umgang* mit eigenen und fremden Bedürfnissen zum Ausdruck kommt; im Anschluss daran eine andere, in der ein *unverantwortlicher Umgang* zum Ausdruck kommt.
Nachdem Sie beide Geschichten sich selbst halblaut vorgelesen haben, fragen Sie sich, ob es Situationen in Ihrem Leben gibt, an die Sie diese beiden Geschichten erinnern. Zum Abschluss können Sie Gott bitten, dass er Ihnen die

Klarheit und den Mut schenken möge, mit eigenen und fremden Bedürfnissen in einer respektvollen und achtsamen Weise umzugehen.

Fünfte Übung:
Einen »Bedürfnispsalm« schreiben

Hinführung

In den Psalmen des Alten Testaments kommen ganz unterschiedliche Bedürfnisse zur Sprache. Für viele religiöse Gemeinschaften bilden sie einen wichtigen Teil ihrer Liturgie: Wie kaum in einer anderen Gebetssammlung kommt hier die ganze Bandbreite menschlicher Bedürfnisse zum Ausdruck. Die Texte des Alten Testaments sind voll von Erzählungen und Gebeten, in denen verschiedenste Wünsche zum Ausdruck kommen. Typisch für das Alte Testament ist dabei eine Sichtweise, die einzelne Bedürfnisse als Ausdruck des menschlichen Lebens insgesamt sieht. Ist der Mensch mit seinen Fähigkeiten und Möglichkeiten gemeint, so werden Worte wie »Geist« (ruach) oder »Herz« (leb) gebraucht, ist dagegen der Mensch in seiner Abhängigkeit und Bedürftigkeit gemeint, so wird das Wort »näphäs« gebraucht.[7] »Näphäs« meint zunächst den Hals und den aufgesperrten Mund – das vielleicht eindrücklichste Bild für das ungestillte Verlangen des Menschen, dem letztlich Gott allein Erfüllung schenken kann. So verheißt Jahwe durch seinen Propheten Jeremias: »Denn ich (Jahwe) labe die müde Seele (näphäs) und spende jedem, der darbt, meine Fülle« (Jer 31,25). – Weiterhin meint »näphäs« alle vitalen Bedürfnisse, die das menschliche Leben bestimmen, alles, was das Leben ausmacht: »Jahwe, meine Seele (näphäs) hast du geholt aus dem Reich des Todes, du hast mich bewahrt, hinabzusteigen zur Grube« (Ps 30,4). Damit ist die ganze Breite des menschlichen Verlangens und Begehrens angesprochen, das sich sowohl auf materielle Dinge als auch auf Menschen richten kann: Dem Menschen gelüstet nach der Frühfeige (Mi 7,1), nach Fleisch zum Essen (Dtn 12,15), nach Wein zum Trinken (Dtn 14,26), er strebt nach dem Königtum (1 Kön 11,37), er ist gierig nach dem Bösen (Spr 21,10), er verlangt nach Söhnen und Töchtern (Ez 24,25), er sehnt sich nach Gott: »Meine Seele (näphäs) sehnt sich nach dir bei Nacht, und mein Geist sucht dich in meinem Inneren« (Jes 26,9). Häufig wird das Wort in Zusammenhang mit Durst gebraucht: »Wie die Hinde verlangt nach dem Wasser der Quelle, so verlangt, o Gott, meine Seele (näphäs) nach dir. Es dürstet nach Gott meine Seele (näphäs), nach dem lebendigen Gott« (Ps 42,2f). Die kinderlose Hannah schüttet ihre ungestillte Sehnsucht vor Gott aus: »Ich bin ein unglückliches Weib. Weder Wein noch Rauschtrank habe ich getrunken, sondern ich habe mein Herz (näphäs) ausgeschüttet vor Jahwe« (1 Sam 1,15). Wenn also das Alte Testament von »näphäs« spricht, so meint es den sehnsüchtig-verlangenden Menschen, der auf Erfüllung und Vollendung in Gott ausgerichtet ist. So wird auch im Buch Deuteronomium das Gesetz in der Aufforderung zusammengefasst, Gott und den Nächsten *mit allen Kräften* zu lieben: »Du sollst Jahwe, deinen Gott, lieben aus deinem ganzen Herzen, aus deiner ganzen Seele (näphäs) und mit all deiner Kraft« (Dtn 6,5).

Die folgende Übung besteht nun darin, sich von einem oder mehreren Psalmen anregen zu lassen und auf diesem Hintergrund einen eigenen, persönlichen »Bedürfnispsalm« zu schreiben.

Übungsschritte

- Suchen Sie in Ihrer Bibel das Buch der Psalmen und suchen Sie nach Versen, die Sie ansprechen.
- Wenn Sie ein Wort, eine Bitte gefunden haben, die Sie anspricht oder auch stört (auch Störungen können ein Hinweis auf zentrale Bedürfnisse sein!), schreiben Sie dieses Wort oder diesen Satz auf ein Blatt Papier.
- Dann fahren Sie in der gleichen Weise fort, bis sie ungefähr zehn Worte oder Sätze gefunden haben.
- Lassen Sie sich von dieser kleinen Sammlung anregen, indem Sie diese durch eigene Wunsch-Sätze oder Bitten ergänzen – oder indem Sie die Sätze der Heiligen Schrift so lange umformulieren, bis es *Ihre* Bitten sein könnten.
- Tragen Sie diese Bitte ganz bewusst vor Gott und versuchen Sie hörend wahrzunehmen, wie er auf Ihre Bitten antwortet.
- Aus diesem Bitten – Hören – Antworten Gottes kann sich ein inneres Zwiegespräch entwickeln.

Ein wichtiger Hinweis

Wichtig ist es, bei dieser Übung darauf zu achten, dass Ihre Bitten nicht auf eine falsche Weise fromm werden. Hier gilt vielmehr der Grundsatz: ehrliche Bitten – nicht unbedingt »fromme« Bitten. Die Psalmen können uns zu einem solch ehrlichen Dialog ermutigen.

Sechste Übung:
»Bitten, worum ich begehre«

Beschreibung

In den Exerzitien lädt Ignatius den Übenden ein, am Beginn einer Gebetszeit »Gott zu bitten, worum ich begehre«.[8] Dies bedeutet, den Mut und das Vertrauen zu haben, die eigenen Wünsche im Gebet vor Gott auszusprechen: »Gott unseren Herrn um das bitten, was ich will und wünsche.« Wenn der Übende seine Sehnsucht beständig vor Gott bringt, wird er zwei wichtige Erfahrungen machen können: *Erstens*, seine Beziehung zu Gott wird wachsen und lebendiger werden. *Zweitens*, er wird es leichter lernen, sowohl die Erfahrung der spürbaren Nähe Gottes als auch seiner Abwesenheit anzunehmen. Giuges der Kartäuser formuliert diese Dynamik so: »Manchmal kommt Christus, um uns durch seine Gegenwart zu trösten, manchmal zieht er sich zurück, damit er als abwesender noch mehr ersehnt wird.«[9] Im Kontext der Rede von Bedürfnissen kann dieser Satz wie folgt gelesen werden: Manchmal kommt Christus und tröstet uns durch seine Nähe, indem er unsere tiefsten Wünsche (Bedürfnisse) erfüllt, manchmal zieht er sich zurück, indem er unsere Bedürfnisse nicht erfüllt, damit das Verlangen nach ihm noch stärker wird. So kann das Vertrauen in die Güte Gottes mehr und mehr erstarken, denn »Christus schenkt uns seine Nähe, um uns Trost zu schenken, und er zieht sich wieder zurück, damit er – abwesend – mit noch größerer Sehnsucht erwartet wird«. Beziehung zu-

einander und zu Gott bedeutet ein Hin- und Herschwingen zwischen Begegnung und Sehnsucht. Je stärker die Sehnsucht, desto lebendiger die Begegnung; je lebendiger die Begegnung, desto größer die Sehnsucht nach ihrer Vertiefung. Deshalb ist es wichtig, die Sehnsucht immer wieder im Gebet auszudrücken.
In den »Geistlichen Übungen« gibt Ignatius auch einige Beispiele – vorformulierte Bitten, die dem Betenden helfen wollen, seine eigene Bitte zu formulieren. Er geht dabei von der Erfahrung aus, dass sich diese Bitte im Laufe der Exerzitien oder eines anderen inneren Wachstumsprozesses im Lauf der Zeit verändert. Die Übung hat eine doppelte Bedeutung:
Einerseits wird durch das Aussprechen dem Übenden sein Verlangen oft überhaupt erst bewusst; *andererseits* sieht Ignatius im Verlangen die Basis und Voraussetzung für ein persönliches, nicht nur allgemein-lehramtliches Verständnis der Heiligen Schrift. In diesem Sinn kann das Verlangen als »hermeneutischer Schlüssel« (Verstehenshilfe) zum je persönlichen Verständnis des Abschnittes aus der Heiligen Schrift verstanden werden, den der Übende gerade meditiert.

Übungsschritte

Wählen Sie einen Abschnitt aus der Heiligen Schrift, den Sie vertiefen oder meditieren möchten – oder wählen Sie einen anderen Text, mit dem Sie sich im Sinne einer Lebens- oder Orientierungshilfe beschäftigen möchten.

- Lesen Sie diesen Text aufmerksam und versuchen Sie zu spüren, was er in Ihnen auslöst. Horchen Sie dann in sich selbst hinein und versuchen Sie zu spüren, welche Wünsche oder Bedürfnisse in Ihnen hochkommen, wenn Sie diesen Text auf sich wirken lassen.
- Schreiben Sie diese Bitte oder diesen Wunsch auf und bringen Sie ihn vor Gott.
- Wenn Sie das nächste Mal wieder meditieren oder einen Text der geistlichen Tradition lesen, beginnen Sie mit der Bitte, die Sie das letzte Mal formuliert haben, und versuchen Sie, den Text mit Hilfe dieser Bitte zu erschließen.
- Fahren Sie damit so lange fort, bis Sie merken, dass sich die Bitte verändert. Schreiben Sie dann die veränderte Bitte auf und verfahren Sie damit wie mit der ersten Bitte.

Hinweis

Diese Übung stellt im Grunde einen offenen, nie ganz abschließbaren Prozess dar. Der Grund liegt darin, dass sich persönliche Beziehungen verändern und verändern müssen, um lebendig zu bleiben. Dies gilt auch für unsere Beziehung zu Gott. Die Übung hat deshalb nicht das Ziel, einmal eine endgültige, für alle Zeit gültige Bitte zu finden – auch wenn eine bestimme Bitte oft über einen längeren Zeitraum gleich bleiben kann. Ziel ist es vielmehr, das Verlangen nach dem anderen, nach Gott lebendig zu halten.

Siebente Übung:
Den inneren Zusammenhang der Bedürfnisse erspüren

Hinführung

Die Grundlage für die nun folgende Übung bildet ein anderes Bedürfnismodell, die so genannte Bedürfnispyramide von Abraham Maslow. Maslow unterscheidet zwischen verschiedenen Bedürfnis-Stufen. Er geht von der Annahme aus, dass die Bedürfnisse auf der jeweils unteren Stufe zumindest einigermaßen erfüllt sein müssen, damit die Bedürfnisse auf der nächsthöheren Ebene zur Geltung kommen können (vgl. sein Modell auf der folgenden Seite).

Dieses Modell kann helfen, das Zueinander verschiedener menschlicher Bedürfnisse besser zu verstehen. Alle Bedürfnisse zusammen kann man sich also als Schichten einer Pyramide vorstellen. Aufgrund des Wunsches jedes Menschen, sich selbst zu entfalten, wird er, sobald eine Stufe erreicht ist, das Bestreben haben, die nächsthöhere Stufe zu erreichen. Etwas drastisch hat in diesem Sinne schon Bert Brecht formuliert: »Erst kommt das Fressen und dann die Moral!« Auch christliche Missionare aller Zeiten haben erkannt: Menschen mit einem hungrigen Magen ist es schwer, das Evangelium zu verkünden. Zuerst müssen die Bedürfnisse auf der jeweils unteren Stufe erfüllt sein, damit diejenigen auf der höheren Stufe erfüllt werden können.

Abb. 2: Bedürfnispyramide

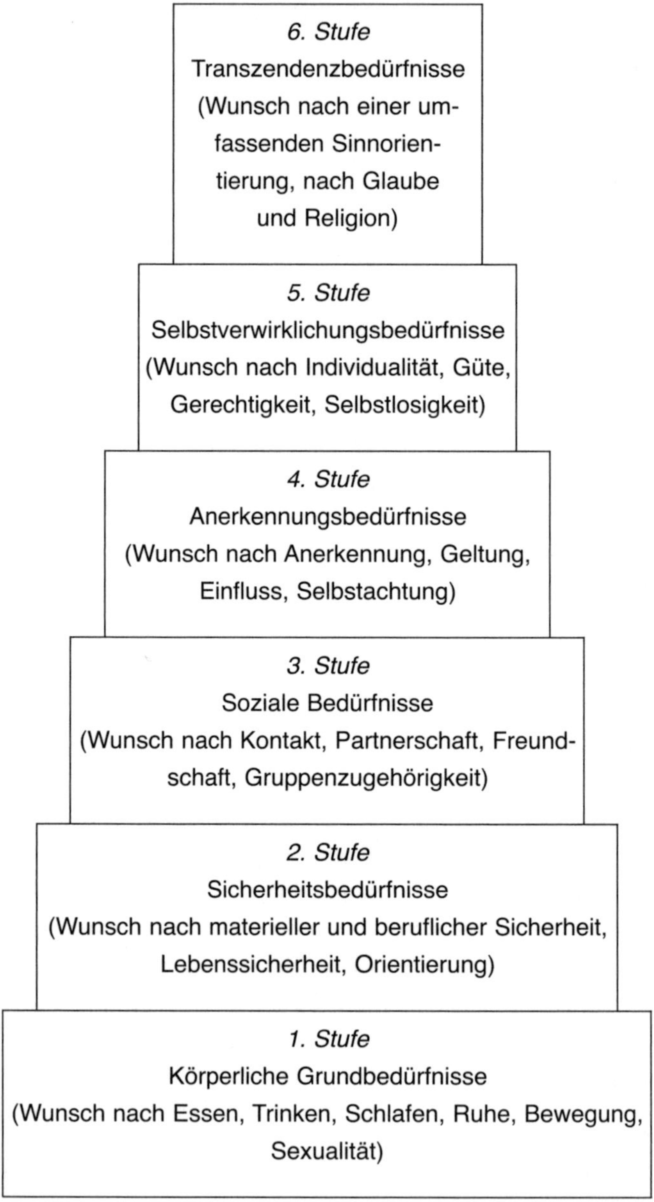

> **6. Stufe**
> Transzendenzbedürfnisse
> (Wunsch nach einer umfassenden Sinnorientierung, nach Glaube und Religion)

> **5. Stufe**
> Selbstverwirklichungsbedürfnisse
> (Wunsch nach Individualität, Güte, Gerechtigkeit, Selbstlosigkeit)

> **4. Stufe**
> Anerkennungsbedürfnisse
> (Wunsch nach Anerkennung, Geltung, Einfluss, Selbstachtung)

> **3. Stufe**
> Soziale Bedürfnisse
> (Wunsch nach Kontakt, Partnerschaft, Freundschaft, Gruppenzugehörigkeit)

> **2. Stufe**
> Sicherheitsbedürfnisse
> (Wunsch nach materieller und beruflicher Sicherheit, Lebenssicherheit, Orientierung)

> **1. Stufe**
> Körperliche Grundbedürfnisse
> (Wunsch nach Essen, Trinken, Schlafen, Ruhe, Bewegung, Sexualität)

Das ist der Normalfall. Dies bedeutet jedoch nicht, dass Menschen nicht auch die Fähigkeit haben, entgegen diesem allgemeinen Grundsatz zu handeln. So haben Mütter in Notsituationen ihren Kindern zu essen gegeben, auch wenn sie selbst Hunger hatten. Ein anderes – biblisches – Beispiel: Im Vertrauen auf Gott hat Abraham sein Heimatland verlassen, er hat auf die Erfüllung seines Bedürfnisses nach Sicherheit verzichtet, um dem Ruf Gottes zu folgen.

Übungsschritte

- Nehmen Sie sich für diese Übung ungefähr eine halbe Stunde Zeit. Wählen Sie eine Sitzhaltung, die es Ihnen erlaubt, gesammelt und zugleich entspannt da zu sein.
- Schließen Sie am besten die Augen und nehmen Sie wahr, welcher Wunsch im Moment in Ihnen aufsteigt. Dies kann z.B. der Wunsch sein, ein Glas Wein zu trinken, einen Film anzuschauen, eine Reise zu machen oder joggen zu gehen.
- Stellen Sie sich dann vor, sie würden das Glas Wein trinken, einen Film anschauen, eine Reise machen oder joggen.
- Stellen Sie sich weiter vor, dieser Wunsch wäre erfüllt. Welchen Wunsch hätten Sie dann noch, welcher Wunsch meldet sich in Ihrem Inneren, wenn der erste erfüllt ist? Dies könnte z.B. der Wunsch sein, mit Ihrer Frau zu sprechen, oder umgekehrt der Wunsch, einen Besuch zu machen.
- Stellen Sie sich vor, auch dieser Wunsch wäre erfüllt. Welcher Wunsch würde sich als nächster melden?

- Mit dem nächsten Wunsch verfahren Sie in gleicher Weise.
- Wiederholen Sie dieses Vorgehen so lange, bis sich kein neuer Wunsch mehr meldet. – Wenn dies der Fall ist, verweilen Sie in diesem imaginierten Zustand der Wunscherfüllung für einige Minuten.
- Gehen Sie in Ihrer Vorstellung nun von diesem Zustand zurück zur ersten Situation, die Sie imaginiert hatten.
- Fragen Sie sich nun: Wie fühlt sich die erste Situation an vor dem Hintergrund der letzten? Ist der ursprüngliche Wunsch Ihnen jetzt innerlich näher oder ferner, drängender oder »ruhiger«, vertrauter oder fremder? Oder können Sie keinen Unterschied zu vorher wahrnehmen?

4.
Allgemeine Hinweise zu Wahrnehmung, Ausdruck und Gestaltung menschlicher Bedürfnisse

Angesichts des Phänomens der stets gegebenen Bedürftigkeit steht jeder Mensch vor einer spannenden, aber nicht immer leichten, lebenslangen Aufgabe. Was tun angesichts der immer wieder erfahrenen Nicht-Erfüllung von Bedürfnissen? Wie die Erfüllung eigener Bedürfnisse und die Achtung vor den Bedürfnissen anderer in Einklang bringen? Und: Was tun, wenn unsere Bedürfnisse von anderen nicht wahrgenommen, ja sogar missachtet werden? Um den mit solchen Frustrationen verbundenen Schmerz zu vermeiden, neigen Menschen immer wieder dazu, unerfüllte oder konfliktbeladene Bedürfnisse zu unterdrücken oder zu verdrängen.

Die folgenden Überlegungen werden in Thesenform zusammengefasst. Sie basieren auf der Analyse verschiedenster gelungener Erfahrungen des Umgangs mit solchen Dilemma-Situationen und möchten Orientierungspunkte bieten. Sie werden keine erschöpfenden Antworten bieten, weil diese immer nur in der konkreten Situation gefunden werden können. Bitte bedenken Sie, dass es zur Bewältigung solcher Situationen meist notwendig ist, mit einem anderen Menschen darüber zu sprechen: je nach Situation mit einem erfahrenen Freund, einer Seelsorgerin, einem Berater oder Therapeuten.

Lesen Sie die nachfolgenden Überlegungen langsam durch und achten Sie dabei auf Ihre innere Reaktion: Wo kann ich zustimmen? Wo kann ich nicht zustimmen? Warum? Warum nicht? Was kann ich innerlich nachvollziehen, was nicht? Wenn Ihnen beim Lesen Fragen kommen, versuchen Sie diese zu klären, indem Sie das hier Gesagte mit Ihren eigenen Erfahrungen in Beziehung bringen.

These 1: Bedürfnisse können uns bewusst oder unbewusst sein

Bedürfnisse können uns bekannt (bewusst) oder auch unbekannt (unbewusst) sein. Besonders unbewusste Bedürfnisse beeinflussen unser Verhalten nachhaltig. Sie sind wie blinde Passagiere in einem Schiff, wie innere Kräfte, die sich unserer bewussten Kontrolle entziehen. Die hier vorgestellten Übungen können helfen, manche Bedürfnisse, die bisher nicht wahrgenommen wurden (unbewusst waren), langsam bewusster werden zu lassen. Um einen ersten Zugang zu Ihren unbewussten Bedürfnissen zu finden, vergegenwärtigen Sie sich Situationen, in denen Sie sich sehr stark geärgert haben oder enttäuscht wurden: Die Frustration welcher Bedürfnisse würde Ihren Ärger, Ihre Enttäuschung erklären? Oder: Erinnern Sie sich an einige Träume, die Sie in der letzten Zeit hatten: Welche Bedürfnisse zeigen sich darin?

These 2: Sich selbst annehmen bedeutet, die eigenen Bedürfnisse wahrzunehmen[10]

Grundvoraussetzung, um mit Bedürfnissen frei umgehen zu können, ist es, sie zu kennen und sie anzunehmen. Dies ist jedoch meist nur möglich, wenn sich jemand *in seiner Bedürftigkeit von einem anderen Menschen* angenommen erfährt. Dagegen wird häufig eingewendet: Was tun, wenn ich diese Annahme nicht erfahren habe und auch zurzeit nicht erfahre? Eine Möglichkeit der Antwort auf diesen Einwand besteht in dem Bemühen, sich an kleine, vielleicht übersehene oder vergessene Momente zu erinnern, in denen Sie ein solches Angenommensein erfahren durften: in einem freundlichen Blick eines Kollegen, in einer hilfsbereiten Geste, in der Anerkennung durch einen Vorgesetzten. Häufig wird dann der Einwand geäußert: Aber in meinem Leben hat es so etwas nicht gegeben. Dies mag zwar wahr sein, ist aber doch eher unwahrscheinlich. Oft liegt das Problem dann darin, dass ein »Teufelskreislauf« entsteht: Am Anfang stehen negative und belastende Erfahrungen. Daraus kann eine negative Erwartungshaltung entstehen, die sich in folgenden Annahmen ausdrücken kann: »Mir wird es nie besser gehen«, oder: »Mir gelingt nichts mehr«, oder: »Die mögen mich doch ohnedies nicht«. Hat sich einmal eine solche pessimistische Erwartungshaltung verfestigt, werden Positiverfahrungen gar nicht mehr wahrgenommen. Eine solche innere Haltung wirkt wie ein Filter, das alle positiven Erfahrungen gar nicht erst ins Bewusstsein vordringen lässt.

Der Glaube bietet die Möglichkeit, diesen Teufelskreislauf zu durchbrechen, indem er eine andere Sichtweise der Wirklichkeit ermöglicht: Trotz belastender Erfahrungen und Leid dürfen Sie sich immer wieder in Erinnerung rufen, dass Ihr Leben ein Zeichen dafür ist, dass Gott Sie angenommen hat, sonst hätte er Sie nicht erschaffen. Im Buch der Weisheit findet sich dazu eine Aussage, die uns immer wieder an diese Glaubensüberzeugung erinnern kann. Der Beter fragt sich im Blick auf Gott: »Hättest du etwas geschaffen, wenn du es nicht gewollt hättest, Herr, du Freund unseres Lebens?« (Weish 11,20).

Wenn Sie sich jetzt beim Lesen dieser Zeilen nicht verstanden fühlen, bitte ich Sie, zu überlegen, mit wem Sie in den nächsten Tagen über dieses Gefühl und die Gedanken sprechen können, die Sie jetzt beschäftigen. Bitte bleiben Sie nicht mit diesen Gefühlen allein oder schließen sich in ihnen ab.

These 3: Nicht-Befriedigung von Bedürfnissen führt zu einem inneren Spannungszustand

Die Nicht-Befriedigung von Bedürfnissen führt zu einem inneren und/oder äußeren Spannungszustand. Dieser kann zu einem Wachstum führen, wenn folgende Bedingungen gegeben sind:

- Der Verzicht auf die unmittelbare Befriedigung geschieht *frei;* ein freier Verzicht ist dann besonders schwierig, wenn Menschen durch Schicksalsschläge in ihrer Entfaltung so sehr beeinträchtigt sind, dass sie keine Wahl haben. Victor Frankl (er war als Kind im KZ und hat dort seine Eltern verloren, während er selbst überlebt hat) hat in diesem Zusammenhang darauf hingewiesen, dass wir selbst in Extremsituationen die Möglichkeit haben, unser Schicksal (d.h. den erzwungenen Bedürfnisverzicht) in Freiheit anzunehmen. Dies ist eine Möglichkeit, die uns nur geschenkt werden kann.
- Der Verzicht wird im Hinblick auf ein »*höheres Ziel*« geleistet.
- Der Mensch verfügt über ein Mindestmaß an Fähigkeit, innere Spannungen auszuhalten (Frustrationstoleranz).
- Der Spannungszustand wird nicht als Überforderung erlebt.

In diesen wenigen Sätzen ist im Grunde ein ganzer Entwicklungsweg angedeutet. Oft löst er auch die Reaktion aus: Das schaffe ich nicht! Das mag zwar ein guter Gedanke sein, aber für mich ist er nicht nachvollziehbar! Meine Bitte: Wenn Sie diesen oder einen ähnlichen Einwand in sich spüren, versuchen Sie folgendes Gedankenexperiment: Ein Ingenieur arbeitet in einer Konstruktionsabteilung, in der ein ausgesprochen schlechtes Betriebsklima herrscht. Bisher sind alle Versuche, die Arbeitsstelle zu wechseln, gescheitert. Seine Arbeitsweise, seine Vorschläge wurden einfach übergangen oder nicht ernst genommen. Stellen Sie sich weiter vor, Sie wären mit ihm befreundet, in welcher Weise würden Sie versuchen, ihm zu helfen? Diese Frage kann helfen, sich Ihrer eigenen Ressourcen bewusst zu werden.

Bedürfnisergänzung

Bedürfnisse sind nicht starre, sondern formbare Kräfte; sie bestimmen die *ungefähre*, nicht die *genaue* Form der Befriedigung. Ihre Plastizität bildet die Grundlage dafür, dass sie gestaltet (sublimiert) werden können. In besonderen Situationen können sie auch so weit in den Hintergrund treten, dass sie für andere Bedürfnisse Raum schaffen. Dazu ein Beispiel, die Begegnung Rainer M. Rilkes mit einer Bettlerin.[11] Gefragt von seiner Begleiterin, warum er ihr nie etwas gebe, antwortete Rilke: »Wir müssen ihrem Herzen schenken, nicht ihrer Hand.« Wenige Tage später legte Rilke eine weiße, eben aufgeblühte Rose in die ausgestreckte Hand der Bettlerin. Daraufhin blieb eine Woche lang ihr Bettelplatz leer. Dann war sie wieder da, wie vorher. Auf die Frage seiner Begleiterin, wovon die Frau in der Woche gelebt habe, antwortete Rilke: »von der Rose«. Diese Geschichte relativiert und individualisiert jede einseitige Hierarchisierung von Bedürfnissen durch folgende Aspekte:

- Sie zeigt die menschliche Möglichkeit, ein unbefriedigtes Bedürfnis (hier: Hunger) zu übersteigen, indem ein anderes Bedürfnis (hier: Zuneigung) befriedigt wird.
- Sie zeigt die menschliche Fähigkeit, Bedürfnisse zu vermehren (hier: Brot *und* Rose) bzw. Bedürfnisse einzuschränken (hier: Rose *ohne* Brot).
- Sie zeigt die Unmöglichkeit, ein bestimmtes Bedürfnis *dauernd* durch ein anderes zu ersetzen (hier: Rose anstatt Brot).
- Sie zeigt, wie dauerhafte Bedürfnisfixierungen ihren nicht ungefährlichen Preis haben (hier: Rose ohne Brot würde verhungern bedeuten; Brot ohne Rose würde verkümmern bedeuten).

Bedürfnisse und Kultur

Es gibt Weisen der Bedürfnisbefriedigung, die in einer bestimmten Kultur legitim und akzeptabel erscheinen, andere, bei denen dies nicht der Fall ist. Ein Beispiel ist das Gewinn- und Profitstreben (Bedürfnis nach Besitz). In einem kulturellen Umfeld, das von neo-liberalem Gedankengut bestimmt ist, ist die uneingeschränkte Befriedigung nicht nur erlaubt, sondern führt oft zu hohem gesellschaftlichem Ansehen. So kann es leicht zu einer problematischen Bedürfnis-Entgrenzung kommen – mit nachteiligen Folgen für die Gesellschaft, aber auch den Einzelnen. Umgekehrt war eine solche uneingeschränkte Befriedigung des Bedürfnisses nach Besitz in mittelalterlich-feudalen Gesellschaften zumindest moralisch verpönt. Eine solche gesellschaftliche Norm führte allerdings häufig zu unnötigen und entwicklungshemmenden Bedürfniseinschränkungen.

Das Schwanken zwischen Bedürfnis-Entgrenzung und Bedürfnis-Beschränkung manifestiert sich im Auf und Ab eines konkreten Menschenlebens, einer Gruppe, Generation oder Gesellschaft. Vermehrung und Verfeinerung der Bedürfnisse werden etwa von der Aufklärung und der marktwirtschaftlich organisierten Gesellschaft gefördert, Bedürfniseinschränkung trifft man in den rural-konservativen Gesellschaften oder in verschiedenen religiös motivierten Enthaltsamkeitslehren. So lehrt etwa der Buddhismus, dass die entgrenzte Form des Verlangens – die Gier – die Wurzel allen Übels sei. Nach Sokrates ist nichts zu bedürfen göttlich und wer so wenig wie möglich bedürfe, komme dem Göttlichen am nächsten. Um den richtigen persönlichen Umgang mit Bedürfnissen zu finden, ist es deshalb wichtig, den jeweiligen gesellschaftlichen Hintergrund mitzubedenken. Kulturen neigen meist dazu, Bedürfnisse entweder extrem zu verdrängen oder einer uneingeschränkten Bedürfnisbefriedigung Vorschub zu leisten. So entsteht eine »Schieflage« in die eine oder andere Richtung. Um den richtigen Umgang zu finden, ist deshalb das gesamtgesellschaftliche Klima zu berücksichtigen, und um solche Einseitigen korrigieren zu können, braucht es kleine »Kulturinseln«, in denen ein alternativer Umgang mit Bedürfnissen praktiziert werden kann. Dies kann eine Kirchengemeinde, ein Freundeskreis, ein Stadtteil oder eine Gemeinde sein. Diese sozialen Gebilde können zu einem »Biotop« werden, in dem andere Gesetze gelten. Reformen in Kirche und Gesellschaft haben immer wieder mit solchen kleinen Initiativen begonnen.

Bedürfnisausdruck und menschliche Entwicklung

Betrachtet man die Art und Weise des Ausdrucks von Bedürfnissen auf dem Hintergrund der menschlichen Entwicklung, so lassen sich idealtypisch drei Phasen unterscheiden:
Die Phase des Kleinkindalters ist geprägt durch einen spontanen, weitgehend unkontrollierten Ausdruck von Bedürfnissen: Wenn ein Kind Hunger hat, so schreit es, ebenso, wenn es nicht bekommt, was es will. Dieser spontan-unkontrollierte Ausdruck hat einen gewissen Reiz und ist Ausdruck einer großen Lebendigkeit.
Die Phase der Pubertät und frühen Adoleszenz ist geprägt von dem Wunsch, erwachsen zu werden, nicht mehr so zu sein wie ein kleines Kind. Diese Phase ist deshalb typischerweise geprägt von einem Schwanken zwischen weitgehender Verdrängung und Unterdrückung von Bedürfnissen, der sich ausdrückt in dem Wunsch, »cool« zu sein, und umgekehrt von immer wieder auftretenden Gefühlsausbrüchen, in denen sich die unterdrückten Bedürfnisse nach Aggression, Zärtlichkeit, Autonomie »Luft« machen.
Die Phase des Erwachsenenalters ist idealerweise geprägt von der Fähigkeit, Bedürfnisse angemessen ausdrücken zu können, indem die Extreme eines unkontrollierten

Ausdrucks einerseits und einer übermäßigen Unterdrückung andererseits vermieden werden. Ein solcher gestalteter, verantwortlicher Umgang mit Bedürfnissen ist allerdings eine lebenslange Aufgabe!

Wie diese lebenslange Aufgabe gelingen kann, ist nicht aus allgemeinen Prinzipien ableitbar. Auch kulturell vorgegebene Muster versagen in unserer modernen, hochindividualisierten Gesellschaft immer mehr. Es kann aber sehr lohnen, sich am Leben einer Person zu orientieren, die ihr Leben auf eine »exemplarische Weise« gestaltet hat. So kann es eine Hilfe sein, eine gute Biographie unter der Rücksicht zu lesen, wie sich z.B. der Ausdruck des Bedürfnisses nach Aggression oder Sexualität im Leben dieses Menschen verändert hat.

Am Beispiel des Lebens des hl. Ignatius von Loyola möchte ich einige Entwicklungsphasen des Umgangs mit dem Bedürfnis der Aggression verdeutlichen.[12] Er wurde geboren als jüngstes Kind einer adeligen baskischen Familie Ende des 15. Jahrhunderts. Wie damals üblich war es vorgegeben, dass der älteste Sohn das elterliche Schloss erben würde. Für ihn hatten seine Eltern eine Laufbahn als Kleriker vorgesehen. Doch wurde er bereits in der späten Kindheit aus dem Klerikerstand ausgeschlossen aufgrund von »Einmischung in Händel und Raufereien« – heute würde man wohl sagen: aufgrund wiederholter Schlägereien *(Ignatius konnte sein Aggressionsbedürfnis kaum angemessen kontrollieren, es handelt sich dabei um einen weitgehend unkontrollierten Ausdruck)*. Als er sich als junger Mann für eine militärische Karriere entschieden hatte und er die von französischen Truppen belagerte Stadt Pamplona auch noch verteidigen wollte, als keine Hoffnung mehr auf einen Sieg bestand, wurde er schwer verwundet und musste aufgeben *(in dieser Episode zeigt sich, wie sich sein Aggressionsbedürfnis bereits deutlicher auf ein Ziel hin ausgerichtet hatte: die Festung zu verteidigen – um jeden Preis, auch wenn ein Sieg unrealistisch war)*. In der darauffolgenden Bekehrung kehrte sich sein Aggressionsbedürfnis gegen ihn selbst: Er durchlitt das, was wir heute als eine schwere depressive Krise bezeichnen würden, die sich unter anderem in starken und hartnäckigen Selbstmordphantasien zeigte *(sein Aggressionsbedürfnis kehrte sich gegen ihn selbst)*. Als er nach der schweren Verwundung wieder körperlich und auch seelisch genesen war, machte er sich mit dem Eifer eines Neubekehrten mit seinem Maultier auf den Weg. Als er einen Mauren traf, begann er ein Gespräch über den christlichen Glauben. Dabei kamen sie auch auf die Frage der jungfräulichen Geburt Marias zu sprechen. Als der Maure ihm entgegenhielt, er könne zwar glauben, dass Maria vor der Geburt Jesu Jungfrau war, nicht aber nach seiner Geburt, überlegte er »ob es nicht angemessen sei, ihm dafür (für seinen Unglauben) einen Dolchstich zu versetzen«. Dann überkamen ihn Zweifel, ob ein solches Verhalten richtig wäre. Da er sich nicht sicher war, was richtig ist, überließ er die Entscheidung seinem Maultier. Würde das Maultier bei der nächsten Weggabelung dem Mauren folgen, würde er ihm einen Dolchstich versetzen, würde es den anderen Weg wählen, würde er dies als Zeichen von Gott sehen, dass er es unterlassen solle. Das Maultier wählte den anderen Weg. Ignatius schreibt dann rückblickend, dass Gott ihn damals wie einen kleinen und noch unerfahrenen Schüler unterwiesen habe *(er hat gelernt, die unmittelbare Befriedigung seines Aggressionsbedürfnisses aufzuschieben und dem »Willen Gottes« unter-*

zuordnen). In seinem weiteren Leben hatte er vielfache Hindernisse bei der Gründung des Ordens zu überwinden. Ein Gefährte meinte über ihn: »Wenn der einen Nagel einschlägt, dann kann ihn jemand anderer nicht so schnell wieder herausziehen« *(ein Ausdruck für einen sehr konsequenten und zielgerichteten Ausdruck seiner Aggression).* – Diese kurzen Hinweise mögen genügen um zu zeigen, wie sich nur sehr langsam und schrittweise die Gestaltung und der Ausdruck eines Bedürfnisses im Laufe eines Lebens verändern kann.[13]

5.
Ausblick: Bedürfnisse und christlicher Glaube

Leider wurde der christliche Glaube immer wieder dazu benützt, Bedürfnisse zu verdrängen. So hat er oft seine befreiende Kraft eingebüßt. Anhand einiger ausgewählter Stellen der Heiligen Schrift möchte ich verdeutlichen, dass diese Deutung nicht dem Anliegen der Bibel entspricht.

Das Beispiel Abrahams

Im Buch Genesis (Gen 12,1–2.4–6) wird von Abraham erzählt: »Jahwe sprach zu Abram: ›Zieh fort aus deinem Land, aus deiner Verwandtschaft und aus deinem Vaterhaus in das Land, das ich dir zeigen werde! Ich will dich zu einem großen Volke machen. Ich will dich segnen und deinen Namen groß machen, und du sollst ein Segen sein‹. ... Da zog Abram fort, wie ihm Jahwe befohlen hatte. Und Abram nahm seine Frau Sarai, seinen Neffen Lot und all ihre Haben, die sie besaßen, sowie alles Gesinde, das sie in Haran erworben hatten. Dann brachen sie auf ...«
Heute geschieht aber häufig etwas anderes:

»Viele Menschen brechen nur scheinbar auf.
Sie tragen nur ein Gespenst ihrer selbst mit sich fort,
eine abstrakte Puppe.
Sie bilden sich eine künstliche Persönlichkeit,
eine ausgeliehene,
nach Büchern zurechtgemachte,
und diesen Roboter,
diesen Schatten ihrer selbst schicken sie auf die Suche nach Gott.
Nie treten sie mit ihrem ganzen Wesen in die Erfahrung ein ...

*Beim Auszug muss man seinen ganzen Besitz auf seinen
    Esel packen,
mit allem emigrieren,
was man ist,
mit seinen Knochen,
seinem Geist,
seiner Seele,
alles muss mit,
das Erhabene und das Erbärmliche,
die Sündenvergangenheit,
die großen Hoffnungen,
die gemeinsten und heftigsten Triebe ...*

*Alles, alles,
denn alles muss durch das Feuer hindurch.
Alles muss schließlich verbunden werden,
damit ein Mensch herauskommt,
der mit Leib und Seele in die Erkenntnis Gottes eingehen
    kann.*

*Gott will ein leibhaftiges Wesen vor sich sehen,
das weinen kann,
schreien unter den Wirkungen seiner läuternden Gnade;
er will ein Wesen, das um den Wert menschlicher Liebe
    weiß
und die Anziehung des anderen Geschlechts kennt.
Er will ein Wesen, das den heftigsten Wunsch verspürt,
ihm zu widerstehen – warum nicht? ...*

*Gott will ein menschliches Wesen vor sich sehen,
sonst hätte seine Gnade nichts zu verwandeln;
das wirkliche Wesen wäre entwischt.*

Hier aber pflegt das Unglück zu geschehen:
Zu viele unter denen, die sich Gott geben,
haben seinem Wirken nur eine ausgeliehene Persönlichkeit ausgesetzt.«[14]

Auf eine dichterisch-provokative Weise wird auf die Dynamik eines Menschen hingewiesen, der es verlernt hat, sich mit seiner ganzen Existenz auf den Anruf Gottes einzulassen. Der Preis ist eine schablonenhafte, angepasste, unlebendige Persönlichkeit!

Psalm 63

Die zweite Stelle ist ein Psalm, Psalm 63,2–9:

Gott, mein Gott, dich suche ich; es dürstet nach dir meine Seele.
Nach dir verlangt mein Leib gleich einem dürren, lechzenden Land ohne Wasser.
So schaue ich aus nach dir im heiligen Zelt,
deine Kraft und deine Herrlichkeit möchte ich schauen.
Denn besser ist deine Huld als das Leben,
meine Lippen singen dir Lob ...
Wie von Fett und Mark wird satt meine Seele,
und mit Lippen des Jubels lobsingt mein Mund.
Auf meinem Lager denke ich dein,
in den Nachtwachen geht mein Sinnen zu dir ...«

In diesem Text drückt ein Beter sein Verlangen aus. Einerseits wird die Erfahrung dieses Verlangens in sehr konkreten Vergleichen beschrieben: Es ist wie dürres Land ohne Wasser; wie der Wunsch, Kraft und Herrlichkeit schauen zu können, wie ein Mensch, der in der Nacht wach liegt, die Erfüllung ist wie Satt-Werden bei einem Mahl (»wie von Fett und Mark wird satt meine Seele«). Dieses Verlangen richtet sich auf Gott, wird aber zugleich sehr konkret-körperlich erfahren. Der Beter macht hier keinen Unterschied zwischen körperlichen, sozialen und geistigen Bedürfnissen, er begnügt sich einfach damit, seine Bedürftigkeit als solche zu beschreiben. Für dieses Phänomen hat die antik-mittelalterliche Theologie den Begriff des Verlangens oder der Sehnsucht geprägt. Es geht ihr um den Aufweis der Unabgeschlossenheit und Bedürftigkeit unserer Existenz insgesamt, um unser Verwiesensein auf andere, im Letzten auf Gott.

Das Beispiel Jesu

In vielen Erzählungen des Neuen Testaments erscheint Jesus als jemand, der die Wünsche und Bedürfnisse eines Menschen in einem umfassenden Sinn wahrnimmt. Dazu sollen drei Hinweise gegeben werden:
1) Das erste Wort, das Jesus im Johannesevangelium spricht, ist eine Frage an seine ersten Jünger: »Was sucht ihr?« (Joh 1,38). Auf dem Hintergrund der hier vorgetragenen Überlegungen könnte die Frage auch übersetzt werden mit: »Wonach verlangt euch?« »Was ist euer Wunsch, euer Bedürfnis?« Der Kontakt, die Geschichte der ersten Jünger mit Jesus beginnt also mit der Einladung, ihm zu sagen, was sie wollen und wünschen.
2) In der Erzählung von der Heilung des Gelähmten, der von seinen Freunden zu Jesus gebracht wird, nimmt Jesus

das Bedürfnis des Gelähmten nach Gesundheit und Integrität wahr. Es ist das Bedürfnis, das alle wahrnehmen, die mit ihm zu tun haben. Und Jesus erfüllt es, indem er ihn heilt. Doch geht er noch einen Schritt weiter: Weil zur Zeit Jesu körperliche Krankheit immer als Folge persönlicher oder familiärer Schuld gedeutet wurde, nimmt er auch seinen tieferen Wunsch wahr, ohne eine solche Schuldzuschreibung und die damit verbundene Angst und Isolation leben zu können – und er vergibt ihm die Sünden.[15]

3) In der Erzählung von der Begegnung Jesu mit der Frau am Jakobsbrunnen in Joh 4 geht es zunächst um das elementare körperliche Bedürfnis nach Flüssigkeit, nach Wasser. Jesus bittet sie, ihm zu trinken zu geben. Der Kontakt zu ihr entsteht, indem Jesus einen Wunsch, ein Bedürfnis äußert. Im Laufe des Gespräches, das entsteht, nimmt Jesus ihren unerfüllten Beziehungshunger wahr. So fordert er sie auf, ihren Mann zu holen. Die Samariterin antwortet ihm: »Ich habe keinen Mann.« Daraufhin sagt Jesus zu ihr: »Du hast richtig gesagt: Ich habe keinen Mann. Denn fünf Männer hast du gehabt, und der, den du jetzt hast, ist nicht dein Mann« (vgl. Joh 4,17f). Der sehr knapp gehaltene Hinweis auf die fünf Männer lässt die Vermutung zu, dass es sich bei der Samariterin um eine Frau handelt, deren Lebenshunger und Beziehungswunsch wiederholt enttäuscht, vermutlich auch verletzt wurde. Die Art, wie Jesus sie in ihrer Bedürftigkeit wahrnimmt, führt dazu, dass sie ihre Würde wiederentdeckt und zur Zeugin für den Messias wird. Hier geht es also nicht mehr nur um einzelne Bedürfnisse, sondern um die Bedürftigkeit der menschlichen Existenz insgesamt. So umschreibt Jesus auch das Ziel seines Lebens in der Aus-

sage: »Ich bin gekommen, dass sie das Leben haben und es in Fülle haben« (Joh 10,10). Diese Aussage macht deutlich, dass es Jesus nicht nur um die Erfüllung einzelner Bedürfnisse geht, sondern um eine Antwort auf die Bedürftigkeit der menschlichen Existenz als Ganzes.

Es war das Ziel dieses Buches, einen Weg aufzuzeigen, wie es gelingen kann, eigene und fremde Bedürfnisse nicht nur wahrzunehmen und zu erfüllen, sondern sie auch als Ausdruck unseres Verlangens nach einem gelingenden Leben insgesamt sehen und verstehen zu lernen. In der Begegnung Jesu mit der Samariterin wird ein solcher Umgang in idealtypischer Weise geschildert: Jesus nimmt seine eigenen Bedürfnisse (hier: seinen Durst) wahr. Der Wunsch, dieses Bedürfnis zu erfüllen, macht ihn jedoch nicht blind für die Wünsche anderer – im Gegenteil: Im gemeinsam erfahrenen Durst kommt es zur Begegnung, die für die Samariterin zum Heil wird.
Wie die Samariterin werden Sie, liebe Leserin, lieber Leser, die schmerzvolle Erfahrung der Nicht-Erfüllung machen, aber auch die Erfahrung der Begegnung mit der Kraft und Nähe Gottes in Ihrem Leben.

Anmerkungen

[1] Vgl. dazu ausführlicher Daniel Stern, Die Lebenserfahrung eines Säuglings, Stuttgart 9. Aufl. 2007.
[2] Ursula Nuber, Die Spuren der Kindheit, in: Psychologie heute, Oktober 2009, 20–25.
[3] Murray subsumiert das Bedürfnis nach Besitz unter die psycho-sozialen Bedürfnisse, um die soziale Bedeutung von Besitz zu betonen (er vermittelt soziale Anerkennung, einen höheren Status, kann aber auch Neid und Aggression bei Armen auslösen).
[4] Dieses Bedürfnis habe ich der Liste von Murray hinzugefügt, weil es für viele Menschen eine zentrale Rolle spielt und in der Liste von Murray fehlt. Vielleicht kann in dieser Tatsache ein Hinweis darauf gesehen werden, dass es doch gesellschaftsspezifische Unterschiede in der Ausprägung von Bedürfnissen in den USA und in Europa gibt.
[5] In den letzten Jahren ist diese Einsicht im beraterischen und psychotherapeutischen Kontext vor allem unter dem Stichwort »Achtsamkeit« thematisiert worden. Dieses aus dem Buddhismus entlehnte Konzept meint »... eine Art von Aufmerksamkeit, die bewusst im gegenwärtigen Moment verweilt und nicht urteilt. Rechte Achtsamkeit ist ... die konsequent praktizierte Achtsamkeit gegenüber allen Erfahrungen«. Vgl. dazu ausführlicher: Thomas Heidenreich, Johannes Michalak (Hrsg.), Achtsamkeit und Akzeptanz in der Psychotherapie. Ein Handbuch, Tübingen 2006. Ursula Anderssen-Reuster, Achtsamkeit in Psychotherapie und Psychosomatik. Haltung und Methode, Stuttgart 2007.
[6] Vgl. dazu ausführlicher: Erik H. Erikson, Identität und Lebenszyklus, Frankfurt am Main 1989.
[7] Zum Folgenden vgl. ausführlicher Klemens Schaupp, Gott im Leben entdecken. Einführung in die geistliche Begleitung, Würzburg 2007, 53–64.
[8] Ignatius von Loyola. Geistliche Übungen. Nach dem spanischen Autograph übersetzt von Peter Knauer, Würzburg 2008. – In folgenden Nummern finden sich verschiedene Formulierungen, die jeweils unterschiedlichen Phasen des Exerzitienpro-

zesses entsprechen.»Nach dem Mittagessen von Gott unserem Herrn erbitten, was man will, nämlich Gnade, um sich zu erinnern, wie oft man in jene besondere Sünde oder Unzulänglichkeit gefallen ist, und um sich fortan zu bessern« (Nr. 25). »Gott unseren Herrn um das bitten, was ich will und wünsche. Die Bitte muss dem zugrundeliegenden Stoff entsprechen. Das heißt: Wenn die Betrachtung über die Auferstehung geht, um Freude mit dem freudigen Christus bitten; wenn über das Leiden, um Qual, Tränen und Pein mit dem gepeinigten Christus bitten ...« (Nr. 48). »Das erbitten, was ich will. Hier wird dies sein: innere Erkenntnis des Herrn erbitten, der für mich Mensch geworden ist, damit ich mehr ihn liebe und ihm nachfolge« (Nr. 104).

[9] Giuges le Chartreux, Lettres. Paris 1970. 103. Christus venit ad consolationem, recedit autem, ut absens valde desideretur. Übersetzung vom Verfasser.

[10] Vgl. dazu ausführlicher Romano Guardini, Die Annahme seiner selbst, Würzburg (2. Aufl.) 1960.

[11] Zum folgenden vgl. A. M. Herman van de Spijker, Art. »Beziehung«, in: Praktische Theologie Bd. 2, hrsg. von Herbert Haslinger u.a., Mainz 2000, 236–246.

[12] Ich stütze mich dabei vorwiegend auf seine Autobiographie: Ignatius von Loyola, Der Bericht des Pilgers. Übersetzt und kommentiert von Peter Knauer, Würzburg 2. Auflage 2004); ebenso auf die Aufzeichnungen eines Mitbruders, der die letzten Lebensjahre mit ihm zusammen im gleichen Haus verbracht hat: Luis Goncalves da Camara. Memoriale. Übersetzt und herausgegeben von Peter Knauer, Frankfurt am Main 1988.

[13] Wie eine schrittweise Veränderung des Umganges mit dem Bedürfnis der Sexualität geschehen kann, hat Anselm Grün am Beispiel des inneren Weges von Benedikt von Nursia anhand seiner Biographie von Gregor dem Großen beschrieben. Vgl. dazu: Anselm Grün, Einswerden, Münsterschwarzach 1986.

[14] Yves Raguin, Wege der Kontemplation in der Begegnung mit China, Einsiedeln 1972, 31f.

[15] Die Vielschichtigkeit der Wahrnehmung menschlicher Bedürfnisse durch Jesus wird m.E. besonders deutlich von Eugen Drewermann herausgearbeitet. Vgl. dazu ausführlicher E. Drewermann, Das Markusevangelium. 2 Bde. Olten 1987 und 1988, hier Bd. 1, 223–236.

Danksagung

Danken möchte ich zunächst dem Lektor des Echter Verlages, Herrn Heribert Handwerk, durch dessen Unterstützung und Anregung dieses Manuskript veröffentlicht werden konnte. Mein Dank gilt auch Pfr. Hans-Frieder Rabus für seine zahlreichen und hilfreichen Anregungen, um die Übersichtlichkeit und Lesbarkeit des Textes zu verbessern.

Danken möchte ich allen Menschen, die mich bisher in meinem Leben begleitet und mir Mut gemacht haben, meinem Verlangen zu folgen: P. Leo Zodrow, der über viele Jahre einen Weg mit mir gegangen ist, Frère Francois (Taizé) der mich immer wieder ermutigt hat, auch in schwierigen Situationen zu vertrauen, P. Alois Riedelsperger, der mich in einer sehr wichtigen Entscheidungssituation begleitet hat.

In besonderer Weise gilt mein Dank meiner Frau Hildegard, die mir durch ihre zugleich wohlwollende und konfrontative Art geholfen hat, mich der Wahrheit meines Lebens zu stellen.

Klemens Schaupp

Gott im Leben entdecken

Ein Ratgeber für alle, die andere auf ihrem Glaubensweg begleiten möchten. Der Autor erläutert in diesem Buch die verschiedenen Phasen eines geistlichen Wachstums- und Reifungsprozesses. Es bietet für alle, die als geistliche BegleiterInnen tätig sind oder Exerzitien im Alltag begleiten, wichtige praktische Orientierung und Hilfe.

Klemens Schaupp
Gott im Leben entdecken
Einführung in die
geistliche Begleitung

Topos plus, Band 565

186 Seiten, Broschur
ISBN 978-3-7867-8565-1

Das Buch erhalten Sie
in Ihrer Buchhandlung.

www.echter-verlag.de